大数据时代的营销管理创新

王　堃◎著

吉林出版集团股份有限公司
全国百佳图书出版单位

图书在版编目（CIP）数据

大数据时代的营销管理创新 / 王堃著 . -- 长春 ：
吉林出版集团股份有限公司 , 2022.8
ISBN 978-7-5731-2093-9

Ⅰ . ①大… Ⅱ . ①王… Ⅲ . ①营销管理 Ⅳ .
① F713.50

中国版本图书馆 CIP 数据核字 (2022) 第 160608 号

大数据时代的营销管理创新

DASHUJU SHIDAI DE YINGXIAO GUANLI CHUANGXIN

著　　者	王　堃	
责任编辑	李　娇	
封面设计	李　伟	
开　　本	710mm×1000mm	1/16
字　　数	200 千	
印　　张	11.75	
版　　次	2023 年 3 月第 1 版	
印　　次	2023 年 3 月第 1 次印刷	
印　　刷	天津和萱印刷有限公司	

出　　版	吉林出版集团股份有限公司
发　　行	吉林出版集团股份有限公司
地　　址	吉林省长春市福祉大路 5788 号
邮　　编	130000
电　　话	0431-81629968
邮　　箱	11915286@qq.com
书　　号	ISBN 978-7-5731-2093-9
定　　价	72.00 元

作者简介

　　王堃　女，武汉大学毕业，工商管理，硕士研究生，现工作于武汉工程大学，副教授，硕士生导师，中国高等院校市场学研究会理事，湖北省市场营销学会常务理事，校百佳导师，研究方向为营销前沿、战略管理、品牌管理、创新创业。

　　智能手机的大面积使用推动"数字互联"不断成熟，使我们快速地从传统互联网进入到"数字互联网"新时期，催生了各种新业态，其产生的大量数据也刺激了"大数据科学与技术"的快速发展。大数据技术的进一步发展将会激发市场营销的创新力量，同时，市场营销创新也将对大数据技术提出更多的要求。

　　大数据营销的兴起，不过是近十几年的事情，大数据营销的运用，也是在不断尝试与摸索中。正是这样，在大数据营销面前，大部分企业几乎是平等的，因为大数据进一步传承和发展了互联网开放的理念和精神，企业规模大小并不能决定自己在行业中的未来，在大数据时代，具备大数据思维，能够做到高效整合数据资源的企业，才能在市场浪潮中赢得更多的机会。所以，对于很多企业来说，掌握大数据营销技能，就变得非常迫切和有必要。

　　本书为大数据时代营销管理创新，共分为五章。第一章为大数据时代解读，主要介绍大数据方面的一些基础知识，其中，第一节为大数据时代概述，第二节为大数据技术基础；第二章为营销管理概述，主要介绍营销管理方面的内容和知识，其中，第一节为营销理念的发展，第二节为营销管理的相关概念，第三节为营销管理的过程分析；第三章为大数据对市场营销的影响，其中，第一节为大数据营销的发展演变，主要介绍大数据营销十几年来的发展、机遇和趋势等，第二节介绍大数据时代的营销策略；第四章为大数据营销管理的理论探索，其中，第一节为营销管理中的数据分析，主要介绍如何让数据更好地为营销管理服务，第二节为数据化营销管理分析方法，主要介绍大数据营销的一些数据分析；第五章为大数据营销管理的实践分析，其中，第一节介绍大数据与精准营销，第二节介绍大数据与个性化营销，第三节介绍大数据与整合营销，第四节介绍大数据与LBS营销。

在撰写本书的过程中，作者得到了许多专家学者的帮助和指导，参考了大量的学术文献，在此表示真诚的感谢！

本书内容系统全面，论述条理清晰、深入浅出。限于作者水平有限，加之时间仓促，本书难免存在一些疏漏，在此，恳请同行、专家和读者朋友批评指正！

王堃

2022 年 5 月

目　录

第一章　大数据时代解读

本章为大数据时代解读，主要介绍大数据方面的一些基础知识，共分为两节。第一节为大数据时代概述，第二节为大数据技术基础。通过本章，读者可以对大数据有一个基本了解。

第一节　大数据时代概述

一、大数据时代的到来

第三次信息化浪潮涌动，大数据时代全面到来。人类社会信息科技的发展为大数据时代的到来提供了技术支撑，而数据产生方式的变革是促进大数据时代到来至关重要的因素。

（一）第三次信息化浪潮

根据 IBM 前首席执行官郭士纳的观点，IT 领域每隔 15 年就会迎来一次重大变革（表 1-1-1）。1980 年前后，个人计算机（PC）开始普及，计算机逐渐走入企业和千家万户，大大提高了社会生产力，也使人类迎来了第一次信息化浪潮，Intel、AMD、IBM、苹果、微软、联想等企业是这个时期的标志。随后，在 1995 年前后，人类开始全面进入互联网时代。互联网的普及把世界变成"地球村"，每个人都可以自由遨游于信息的海洋。由此，人类迎来了第二次信息化浪潮。这个时期也缔造了雅虎、谷歌、阿里巴巴、百度等互联网巨头。时隔 15 年，在 2010 年前后，大数据、云计算、物联网的快速发展，拉开了第三次信息化浪潮的大幕。大数据时代的到来，也必将涌现出一批新的市场标杆企业。

表 1-1-1　三次信息化浪潮

信息化浪潮	发生时间	标志	解决的问题	代表企业
第一次信息化浪潮	1980 年前后	个人计算机	信息处理	Intel、AMD、IBM、微软、联想、戴尔
第二次信息化浪潮	1995 年前后	互联网	信息传输	雅虎、谷歌、百度、阿里巴巴、腾讯
第三次信息化浪潮	2010 年前后	大数据、云计算和物联网	信息爆炸	亚马逊、谷歌、阿里云

（二）信息科技为大数据时代提供技术支撑

信息的存储、处理和传输是信息科技研究的三个非常重要的问题，而大数据时代就是在信息技术取得长足进步的基础上发展的。

1. 存储设备容量不断增加

很多数据都是通过存储设备来储存的。随着科学的进步以及人类制造工艺的发展，用来存储数据的设备也不断更新换代，不仅存储容量有很大的提升，而且设备读写的速度也有了飞速提升，但是这种质量的提升没有使存储设备的价格提升，具体情况如图 1-1-1 所示。

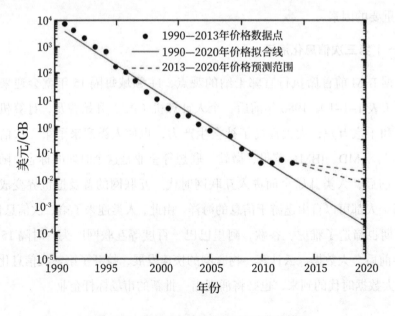

图 1-1-1　存储设备的价格随时间变化的情况

早期的存储设备容量小、价格高、体积大，例如，IBM 在 1956 年生产的一个早期的商业硬盘，容量只有 5MB，不仅价格昂贵，而且体积有一个冰箱那么大。而今天容量为 1TB 的硬盘，大小只有 3.5 英寸（8.89cm），外观尺寸为 147mm（长）×102mm（宽）×26mm（高），读写速度达到 200MB/s，价格仅为三四百元左右。现在，高性能的硬盘存储设备，不仅提供了海量的存储空间，还大大降低了数据存储成本。

与此同时，以闪存为代表的新型存储介质也开始得到大规模的普及和应用。闪存是一种新兴的半导体存储器，从 1989 年诞生第一款闪存产品开始，闪存技术不断获得新的突破，并逐渐在计算机存储产品市场中确立了自己的重要地位。闪存是一种非易失性存储器，即使发生断电也不会丢失数据，可以作为永久性存储设备。闪存还具有体积小、质量轻、能耗低、抗震性好等优良特性。

闪存芯片可以被封装制作成 SD 卡、U 盘和固态硬盘等各种存储产品，SD 卡和 U 盘主要用于个人数据存储，固态盘则越来越多地应用于企业级数据存储。通常一个 32GB 的 SD 卡，体积只有 24mm×32mm×2.1mm，质量只有 0.5g。以前 7200r/min 的硬盘，每秒读写次数（Input/Output Operations Per Second，IOPS）只有 100，传输速率只有 50MB/s，而现在基于闪存的固态盘，每秒读写次数有几万甚至更多的 IOPS，访问延迟只有几十微秒，允许我们以更快的速度读写数据。

总之，信息科技数据量的增加促使人们研发、生产出容量更大的存储设备，同时大容量的存储设备又反过来促进了数据量的增加。一方面，由于人类科学技术的发展，记录数据的方式越来越多，产生的数据也越来越多，这就对存储设备容量的要求越来越高，因此很多存储设备的厂商不断研发新的大容量存储设备。另一方面，存储设备存储能力的增加使人们能够存储更多的数据，因此人们可以存储不同类型的数据，即使是当时认为一些没有价值的数据。在数据存储设备资源有限的年代，很多当时无用的数据经常会被人们丢弃，但是，信息科技存储能力的增加和存储成本的降低，让人们更愿意存储更多的数据，以备将来在某些时候需要，进而通过数据产生价值。

2.CPU 处理能力大幅提升

CPU 是计算机的核心，其不断提高的处理能力和处理速度也促使了数据量的增加。CPU 性能的不断提高，提高了人们的生产生活效率，同时也加快了数据增长的速度。从 20 世纪 80 年代开始，人们制造 CPU 的技术不断提高，同时 CPU 的内核数量不断增加，运行频率也飞速增加。相反的是，CPU 的价格并没有增加，反而更加便宜。经过 30 多年的不断发展，CPU 的处理速度呈几何倍数增长。在 CPU 发展的过程中，一般每 18 个月其性能翻一倍，但是其价格却下降一半。

3. 网络带宽不断增加

对于信息科技来说，1977 年是非常值得纪念的一年。这一年，人类历史上第一条商用光纤通信系统诞生。它的诞生使美国芝加哥成为世界上第一个享受光纤通信的城市。自此之后，人类社会信息技术飞速发展，不断刷新传输速度数据。

（三）数据产生方式的变革促成大数据时代的来临

一般来说，数据的产生需要经历观察、实验和计算等不同的阶段。数据不等同于信息，信息是一个比较宏观的概念，向人们传递一些概念和方法等，里面包含很多按一定的规律组合起来的数据；数据可以看作是组成信息的基础。

数据并不只是我们日常看到的数字，还包括其他的形式，如图像、声音、文字等。数据是丰富且多样的，而且随着人们的生产生活而不断产生。如今，人们工作、生活的数字化程度越来越高，各种各样的网站、系统等每时每刻都在运行，同时也在不停地产生数据，因此，数据已经渗入人们生活、工作的每个角落。海量的数据也为人们的工作、生活带来了巨大的变革。通过数据，人们可以分析行业发展的趋势、企业发展的动力、人们生活的习惯等，因此，数据是能够提升企业的核心竞争力。数据已经成为一种资源，与人才、物质等一样，对国家、社会都有很重要的意义。

现代社会步入大数据时代有一个很重要的原因就是数据生产方式的变革。数据的生产方式大体可以分为三个不同的阶段，第一个阶段是运营式系统阶段，第二个阶段是用户原创内容阶段，第三个阶段是感知式系统阶段。

1. 运营式系统阶段

人类社会最早大规模管理和使用数据是从数据库的诞生开始的。大型零售超市销售系统、银行交易系统、股市交易系统、医院医疗系统、企业客户管理系统等大量运营式系统，都是建立在数据库基础之上的。数据库中保存了大量结构化的企业关键信息，用来满足企业各种业务需求。在这个阶段，数据的产生方式是被动的，只有当实际的企业业务发生时，才会产生新的记录并存入数据库。比如，对于股市交易系统而言，只有当发生一笔股票交易时，才会有相关记录生成。

2. 用户原创内容阶段

互联网的出现是人类发展史上的一个里程碑，极大地提高了数据传播的速度，使数据不再单纯地依靠硬件存储设备来传播。同时，互联网的发展促进了大量网页的产生，进而使互联网的数据量逐渐增长。但是，互联网数据真正爆发式增长是在 Web2.0 时代出现以后，这时的互联网更具有"用户原创内容"的特征。在 Web1.0 时代，互联网更多是为人们提供信息，因此，互联网的主要数据来源是网站，而网民为互联网提供的信息则是有限的。到了 Web2.0 时代，以微博为代表的网站，其数据主要是通过用户来产生，而随着移动互联网和智能手机的发展，人们产生数据的时间更加具有自由性和即时性，同时，互联网产生的数据量也急速增加。

3. 感知式系统阶段

如果说 Web2.0 时代是人类社会数据量第二次提升的话，那么物联网的发展则为人类社会数据量的第三次提升提供了良好的条件。物联网中有不同类型的传感器和摄像头等设备，这些设备是每时每刻都在运行的，因而会不停地产生大量的数据。物联网所产生的数据量比 Web2.0 时代产生的数据量要更加丰富和多样，而且产生数据的时间更短，这些多样、密集的数据让人们步入"大数据时代"。

（四）大数据的发展历程

大数据的发展历程总体上可以划分为 3 个重要阶段：萌芽期、成熟期和大规模应用期（表 1-1-2）。

表 1-1-2 大数据发展的 3 个重要阶段

阶段	时间	内容
萌芽期	20 世纪 90 年代到 21 世纪初	随着数据挖掘理论和数据库技术的逐步成熟，一批商业智能工具和知识管理技术开始被应用，如数据仓库、专家系统、知识管理系统等

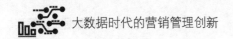

阶段	时间	内容
成熟期	21世纪前十年	Web2.0应用迅猛发展，非结构化数据大量产生，传统处理方法难以应对，带动了大数据技术的突破，大数据解决方案逐渐走向成熟，形成了并行计算与分布系统两大核心技术，谷歌的GFS和MapReduce等大数据受到追捧，Hadoop平台开始盛行
大规模应用期	2010年以后	大数据应用渗透各行各业，数据驱动决策，信息社会智能化程度大幅提高

这里简要回顾一下大数据的发展历程。

1980年，世界著名的未来学家、社会思想家阿尔文·托夫勒通过他的书籍作品《第三次浪潮》对大数据进行了称赞，他将大数据看成是"第三次浪潮的华彩乐章"。

1997年10月，美国计算机学会的数字图书馆中收录了两位工程师——迈克尔·考克斯和大卫·埃尔斯的论文，他们在自己的论文中使用了"大数据"这个词语，这也是"大数据"第一次在计算机学会的数字图书馆中出现。

1999年10月，美国一些专业人士开始讨论关于大数据的问题，如美国电气和电子工程师学会的工程师们。

2001年2月，数据分析师道格·莱尼对大数据进行了详细的分析，从3个方面对大数据进行了解读，分别是控制数据容量、处理速度及数据种类。

2005年9月，蒂姆·奥莱利发表了《什么是Web2.0》一文，并在文中指出"数据将是下一项技术核心"。

2008年，《自然》杂志推出大数据专刊；计算社区联盟（Computing Community Consortium）发表了报告《大数据计算：在商业、科学和社会领域的革命性突破》，阐述了大数据技术及其面临的一些挑战。

2010年2月，肯尼斯·库克尔在《经济学人》上发表了一份关于管理信息的特别报告《数据，无所不在的数据》。

2011年2月，《科学》杂志推出专刊《处理数据》，讨论了科学研究中的大数据问题。同年，被誉为"大数据时代的预言家"的维克托·迈尔·舍恩伯打开大数据系统研究之先河，出版了《大数据时代：生活、工作与思维的大变革》一书，对大数据进行了详细的解读，同时也激起人们研究大数据的动力。也是在同一年，世界知名咨询公司麦肯锡也对大数据进行了深入的研究和总结，认为"大数据时代"已经走进人们的生活。

2012 年 3 月，美国政府开始认识到大数据的重要性，从国家层面支持大数据研究，从此开启了美国大数据的快速发展之路，这是美国一项非常重要的国家发展战略。

2013 年 12 月，中国计算机学会发布《中国大数据技术与产业发展白皮书》，系统总结了大数据的核心科学与技术问题，推动了我国大数据学科的建设与发展，并为政府部门提供了战略性的意见与建议。

2014 年 5 月，大数据在美国的研究取得了一定程度的进展，发布了大数据白皮书《大数据：抓住机遇、守护价值》，呼吁社会应当加大对大数据的研究力度，并努力用大数据去改变社会。

2015 年，我国政府也从国家层面推动大数据的研究，印发了《促进大数据发展行动纲要》，鼓励社会各界研究和发展大数据。

2017 年 1 月，我国政府再次发布推动数据发展的重要文件《大数据产业发展规划（2016—2020 年）》，进一步推动大数据在我国的发展。

二、大数据的特点

如今，人们已经越来越能感受到大数据带来的便利，也经常谈论起大数据。但是，关于大数据的特点，不同的学者也有不同的看法。通常，人们对大数据的特点比较公认的有四个，分别是数据量大、数据类型繁多、处理速度快和价值密度低。

（一）数据量大

信息社会，人们产生的大量数据，使数据呈几何倍增长，而且数据的增长是任何人都无法控制的。在 21 世纪的前 20 多年里，全球数据量急剧增长，而且这种增长的趋势在 2010 年之后并没有停止。可以说，从互联网产生之后，人们一直生活在一个"数据大爆炸"的时代。计算机和手机是人们最常见的联网设备，随着人工智能的发展，更多的设备参与网络中，进而产生更多的数据。互联网、移动互联网、物联网、人工智能等各种科技的发展产生了大量的数据，这些数据源于人们的生活，同时也能改变人们的生活。

人类历史上"第一次数据爆炸"时期应当是造纸术和印刷术被发明的时代。当前，社会数据量的增加可以看作人类历史上"第二次数据爆炸"，这是以互联网为代表的网络产生之后而形成的。但是，"第二次数据爆炸"所产生的数据量远多于"第一次数据爆炸"时代，而且数据的产生量并不是人力可以控制的。

"数据爆炸"是当前大数据时代一个非常明显的时代特征。人类生活所产生的数据量大约每两年就会增加一倍，这种增长速度是非常快的，意味着人类社会两年产生的数据量就相当于之前社会产生的全部数据量。2020年，人类社会总共产生了大约44ZB的数据量，这些数据量是非常惊人的，大约是2010年数据量的40倍。如表1-1-3所示为数据存储单位之间的换算关系。

表1-1-3　数据存储单位之间的换算关系

单位	换算关系
Byte（字节）	1Byte=8bit
KB（KiloByte，千字节）	1KB=1024Byte
MB（MegaByte，兆字节）	1MB=1024KB
GB（GigaByte，吉字节）	1GB=1024MB
TB（TeraByte，太字节）	1TB=1024GB
PB（PetaByte，拍字节）	1PB=1024TB
EB（ExaByte，艾字节）	1EB=1024PB
ZB（ZettaByte，泽字节）	1ZB=1024EB

随着数据量的不断增长，数据所蕴含的价值会从量变发展到质变。举例来说，受到照相技术的制约，早期我们每分钟只能拍1张照片，随着照相设备的不断改进，处理速度越来越快，发展到后来，就可以每秒拍1张，而当有一天发展到每秒可以拍10张以后，就产生了电影。当照片数量的增长带来质变时，照片就发展成了电影。同样的量变到质变，也会发生在数据量的增长过程之中。

（二）数据类型繁多

大数据有不同的类型，来自不同的行业、企业等。可以说，凡是与人类生产生活相关的行业都在不停地产生数据，如生物、医疗、通信、金融等。数量庞大的数据使人们统计数据的单位从 TB 上升到 PB。无论何种行业、何种工作，其产生的数据都是随着时间而增长的。下面简单介绍几种行业的大数据。

1. 消费者大数据

中国移动拥有超过 8 亿的用户，每日新增数据量达到 14TB，累计存储量超过 300PB；阿里巴巴的月活跃用户超过 5 亿，单日新增数据量超过 50TB，累计超过数百 PB；百度月活跃用户近 7 亿，每日处理数据量达到 100PB；腾讯月活跃用户超过 9 亿，数据量每日新增数百 TB，总存储量达到数百 PB；京东每日新增数据量达到 1.5PB，2016 年累计数据量达到 100PB，年增 300%；今日头条日活跃用户近 3000 万，每日处理数据量达到 7.8PB；30% 的国人吃外卖，周均 3 次，美团用户近 6 亿，每日处理数据量超过 4.2PB；滴滴打车用户超过 4.4 亿，每日新增轨迹数据量达到 70TB，处理数据量超过 4.5PB；我国共享单车市场，拥有近 2 亿用户，超过 700 万辆自行车，每日骑行量超过 3000 万次，每日产生约 30TB 数据；携程旅行网每日线上访问量上亿，每日新增数据量达到 400TB，存储量超过 50PB；小米公司的联网激活用户超过 3 亿，小米云服务数据量达到 200PB。

2. 金融大数据

中国平安有约 8.8 亿客户的脸谱和信用信息，以及近 5000 万个声纹库；中国工商银行拥有约 5.5 亿个人客户，全行数据量超过 60PB；中国建设银行用户超过 5 亿，手机银行用户达到 1.8 亿，网银用户超过 2 亿，数据存储量达到 100PB；中国农业银行拥有约 5.5 亿个人客户，日处理数据达到 1.5TB，数据存储量超过 15PB；中国银行拥有约 5 亿个人客户，手机银行客户达到 1.15 亿，电子渠道业务替代率达到 94%。

3. 医疗大数据

一个人拥有约 10^{14} 个细胞、3×10^9 个碱基对，一次全面的基因测序产生的个人数据量可以达到 100～600GB。华大基因公司 2017 年产出的数据量达到 1EB。在医学影像中，一次 3D 核磁共振检查可以产生数据约 150MB（一张 CT 图像约 150MB）。2015 年，美国每家医院平均需要管理数据约 665TB，个别医院年增数据量达到 PB 级别。

4. 城市大数据

一个 8Mbit/s 摄像头 1 小时产生的数据量是 3.6GB，1 个月产生的数据量约为

2.59TB。一个中等城市的摄像头达几十万个，1 个月的数据量达到数百 PB，若需保存 3 个月，则存储的数据量会达到 EB 级别。北京市政府部门数据总量，2011 年达到 63PB，2012 年达到 95PB，2018 年达到数百 PB。全国政府大数据加起来为数百个甚至上千个阿里巴巴大数据的体量。

5. 工业大数据

Rolls Royce 公司对飞机引擎做一次仿真，会产生数十 TB 的数据。一个汽轮机的扇叶在加工中就可以约产生数据 0.5TB，扇叶生产每年会收集约 3PB 的数据。叶片运行每日产生数据约 588GB。美国通用电气公司在出厂飞机的每个引擎上装 20 个传感器，每个引擎每飞行 1 小时能产生数据约 20TB，数据并通过卫星回传，使其每天可收集 PB 级数据。清华大学与金风科技共建风电大数据平台，2 万台风机年运维数据量约为 120PB。

总之，大数据已经涉及人们生活的各个方面，其类型是非常繁多的。这些种类繁多的大数据如果分成两类的话，可以分成结构化数据和非结构化数据。但是，结构化数据相对来说是比较少的，占总数据量的十分之一左右，这部分数据主要指的是一些关系数据库中的数据；非结构化数据则非常多，占数据量的十分之九，如短信、网络日志、音视频等。

种类繁多、数量庞大的数据资源给人们处理数据带来了很大的困难，因此，如何有效分析数据是人们面临的非常重要的问题。之前，人们使用的数据大部分是关系数据库中的数据，而且关系数据库也是人们存储数据的主要方式。但是，当前人们越来越喜欢将数据存储于 NoSQL 数据库，这对数据转换提出了新的挑战。面对这些复杂的数据，传统的数据分析工具必然要做出改变才能继续受到人们的喜爱。同样，一些支持非结构化数据的商业软件也必然会越来越受人们的欢迎。

（三）处理速度快

大数据不但具有产生量大、种类繁多的特点，其产生速度之快也是其他时代难以企及的，比如，新浪微博 1 分钟内可以产生几万条信息数据，电商平台也可以在 1 分钟内产生数万条或数十万条销售信息，而搜索引擎在 1 分钟内产生的搜索数据更是数十万或数百万。这些惊人的数据量都是在很短的时间内产生的，这要求人们对数据的处理也要快速、准确。

大数据之所以能够影响人们的生活在于它的处理速度与产生速度同样快。与之前的数据处理不同，大数据时代的很多应用都具有实时分析的功能，能够实时根据数据来指导人们的生产生活实践，这一点是大数据与传统数据最重要的区别。

（四）价值密度低

虽然大数据的产生量和产生速度是以往任何时代都无法比拟的，但其价值密度并没有传统关系数据库中的数据高。大数据时代，从数量庞大的数据中筛选出有价值的信息就像大海捞针一样。比如，当前很多小区、街道、超市、写字楼等都装有 24 小时监控设备，这些设备无时无刻不在记录着不同场景的情况，但是在遇到某些事件如盗窃时，人们不得不花费大量的时间从这些连续的数据中寻找盗窃发生时的数据。同样，一些无用的信息也会占用大量的存储空间，虽然这些设备和时间都是必需的，但在某种程度上也是一种资源的浪费。

上面的例子可能不够明显，但是，从商务的角度来看就更加明显了。如，一家做电子商务的公司如果想从微博数据中得到有效的信息然后再采取针对性的措施进行营销，那么这家公司首先要搭建一个数据获取和存储的大数据平台，然后再根据数据分析客户对商品的需求，进而预测未来的趋势，但是，构建大数据平台所需要的人力、物力是非常高的，而这种数据短时间内为公司带来的效益可能是不明显的，甚至没有任何改变，需要长期观察、分析。因此，大数据虽然具有很高的社会价值，但是其价值密度并不高。

三、大数据的影响

大数据对人类社会的影响是多方面的，无论是对科学研究还是对人们的思维方式，抑或是社会发展、人才培养、就业等，都有极其重要的作用。大数据为科学研究提供了中性的研究方式，即数据密集型科学。在思维方式方面，大数据改变了人们的传统思维，使人们更加喜欢用数据思维来思考问题；在社会发展方面，大数据促进了社会各行业技术的融合与发展，使人们更偏向用数据来指导社会实践，同时极大地推动了社会新技术、新应用的出现和变革；在人才培养方面，大数据为社会人才培养提供了一个新的方向，改变了原有的人才培养模式；在就业方面，由于人们已经意识到大数据的价值，因此，各行业开始为大数据人才设置专门的工作岗位，以此来促进行业的发展。

（一）大数据对科学研究的影响

图灵奖获得者、著名数据库专家吉姆·格雷（Jim Gray）博士观察并总结，人类自古以来在科学研究上先后历经了实验科学、理论科学、计算科学和数据密集型科学4种范式。

1. 实验科学

在人类文明发展史上，很多知识都是在实验的基础上得来的，这种例子数不胜数，比如比萨斜塔实验。比萨斜塔实验之所以是人类文明史上永载史册的一个实验，主要是因为这个实验证明了自由落体的规律，使人们对物体下落的速度有了重新的认识，纠正了之前亚里士多德的错误说法，促进了人类进步。

2. 理论科学

很多情况下，现实实验条件与理想实验条件存在很大的差别，因此，很多实验对自然现象的解释都不够精准。随着社会的发展和知识的进步，人们开始将不同的学科进行融合，然后建立不同的问题模型和解决方案。比如，人们熟知的牛顿经典力学就是结合了不同学科的知识不断总结、实验的结果。实验科学发展到一定程度人们就会从理论方面研究一些规律性的问题，这也是一种理论科学。

3. 计算科学

自世界上第一台电子计算机诞生开始，计算机开始逐渐在社会普及。如今，人们的生产生活更是离不开计算机，因此，科学研究也开始进入"计算"时代。计算机的计算速度是人类大脑无法比拟的。通过计算机，研究者们可以对一些科学问题进行建模，也可以进行一些科学计算，这大大提高了科学研究的效率，也提高了科学计算的准度。将计算机引入科学研究是人类科学研究史上具有重要意义的事件，极大地推动了科学的发展和人类的进步。

4. 数据密集型科学

大数据时代，人们日益看到大数据的社会价值。大数据随着物联网和云计算的发展逐渐开始发生质的转变，已经不再是简单的数据，而逐渐成为一种科学。当前，功能强大的计算机不但能够模拟仿真，而且能够通过算法进行分析总结，这些都是使用大数据带来的计算变革。庞大的数据为科学工作者提供了强大的数据支撑，使科学工作进入数据密集型科学阶段。这种科学研究的范式与之前的科学研究是不同的。在大数据时代之前，人们研究之前一般先要根据以往的知识提出假设，然后再去搜集相关数据，之后再计算验证，但是大数据时代改变了人们的研究方式。大数据时代，人们的研究是在已有数据的技术上进行的，通过分析数据中的规律从而得出未知的结论。

（二）大数据对思维方式的影响

1. 全样而非抽样

大数据时代之前，数据的存储和处理能力都比较有限，因此，人们在进行科学分析时，经常采用抽样的方法，即在所有数据中抽取一定数量的样本，然后通过分析样本数据来总结所有数据的特征。抽样法中选取的样本数据一般要比所有数据的数量少很多，但是大数据时代改变了这种情况。

在大数据时代，数据存储能力和处理能力都得到极大提升，人们可以通过大数据技术分析海量的数据，而不再像以前那样需要抽样分析，而是全样分析，而且得益于数据处理能力的提升，人们可以在很短的时间内就获得海量数据分析的结果，这种超快的数据处理速度与科学技术的提升有直接的关系。

2. 效率而非精确

大数据时代之前，人们使用抽样的方法来分析大量的数据，对分析的方法有很高的要求。即使是这样，使用抽样法得出的结论如果应用到所有数据中，误差也会变大。因此，抽样法不可避免的会导致误差，有可能对抽取的样本来说，误差比较小，但是对于所有数据来说就会显得非常大。但是，抽样法的数据分析算法一般是比较精确的，人们一般会尽量将误差控制在可以接受的范围内。

在大数据时代，人们可以使用全体数据作为分析样本，这样就不会出现像抽样法那样的误差放大的问题了。对于大数据时代的数据分析来说，因为采用的是全样分析的方法，数据分析的精确性已经可以保证，所以数据分析的第一要务并不是精确，而是速度。超快的分析速度也是大数据时代数据分析的一个特点，同样，大数据分析对效率的追求也是人们比较关注的问题。

3. 相关而非因果

大数据时代之前，人们对数据进行分析一方面是为了了解客观事物内在的运动规律，比如，某个连锁企业在某一地区的某个时间段内销售额下降得比较明显，这时就需要数据分析部门对企业销售数据进行分析，寻找销售额下降的原因；另一方面是对未来即将发生或者可能发生的事情进行客观地预测，比如通过分析某一段时间内口罩的销售数量可以总结雾霾出现的时间段，进而为生产者提供生产依据，提前增加口罩的产能。无论从哪个方面来看，人们进行数据分析最主要的目的是分析数据与事物之间的因果关系。

大数据时代，人们进行数据分析的主要目的不是寻找数据与事物之间的因果关系，而是分析数据与事物之间的相关性。

（三）大数据对社会发展的影响

1. 大数据成为一种新的决策方式

在很早之前，人们就已经开始使用数据来制定相应的决策。比如，20 世纪90 年代，很多企业就开始建设自己的数据资源库以帮助企业管理者合理地做出决策。当时的数据资源库已经具有了强大的数据存储能力，而且还具有更多的检测数据变化的能力，能够实时分析历史数据和实时数据，从中找出事物发展的规律，进而提供对战略决策（如宏观决策和长远规划等）和战术决策（如实时营销和个性化服务等）的双重支持。但是，数据资源库以关系数据库为基础，无论是在数据类型还是数据量方面都存在较大的限制。

大数据时代，人们可以运用大数据技术分析不同类型的数据，这些数据往往也是海量的，因此，人们越来越喜欢使用大数据决策。无论是政府部门还是企业，人们将大数据技术融入工作中，为政府和企业做出决策提供有力的数据支持，同时通过数据分析窥探事物的内在本质。

2. 大数据应用促进信息技术与各行业的深度融合

人类社会的发展衍生出不同的行业，不同的行业为人们的生活提供不同的服务。随着人们技术的发展和进步，每个行业都积累了海量的数据，这些数据将不断促进信息技术与本行业的融合，从而为各行业找到新的发展方向。比如，金融企业可以通过大数据为客户筛选最合适的投资、理财方法，快递企业可以通过大数据为客户选择最佳的快递寄存地点，广告企业可以使用大数据做到广告的精准投放。

总之，大数据已经存在于人们生活的各个方面，并且逐渐改变着人们的生活。

3. 大数据开发推动新技术和新应用的不断涌现

大数据的价值越来越受到人们的重视，因此，大数据的应用需求也越来越广泛。在这种需求的引导下，各种大数据技术不断被人们更新、创造。正是在各种大数据新技术和新应用的驱动下，数据也在不断释放它应有的能量。

将来，大数据应用将取代以人类自身判断力为主要来源的应用，这一点已经在很多行业显现出来。如，当前很多保险公司都是根据客户车辆的年限、出险次数等为客户定制投保方案，因此，对客户来说，选择哪家保险公司并没有太大的区别。但是，随着大数据的发展，很多保险公司已经开始注重分析客户车辆的细节，并分析客户的驾驶习惯，为不同的客户量身定制更加人性化的投保方案，提供"一对一"的优惠政策，这就是大数据带来的进步，能够将保险公司、客户双方的风险都降到最低。

第二节　大数据技术基础

一、大数据处理架构 Hadoop

Hadoop 是一个被广泛应用的分布式计算平台，有其自身的优势，人们提起 Hadoop 时自然地就会想到大数据。Hadoop 能够实现 MapReduce 计算模型以及分布式文件系统 HDFS 等功能。

Hadoop 能够对海量的数据进行分布式处理，而且这种处理方式非常可靠和高效，总的来说有以下几个方面的特点：

1. 可靠性非常高

Hadoop 使用的是冗余数据存储方式，这种存储方式能够在某个副本产生问题的时候也能够让其他副本继续正常运行。

2. 效率非常高

除了使用分布式存储技术，Hadoop 还使用分布式处理技术，这两种技术能够使 Hadoop 高效运行。

3. 扩展性能非常好

Hadoop 的最初设计就是为了高效、稳定地在计算机集群上运行，而且能够扩展到数以千计的、不同的计算机节点上。

4. 容错性能非常好

Hadoop 的存储方式能够实现不同数据副本的自动保存，而且对于失败的任务也能够自动重新进行分配。

5. 成本低

Hadoop 采用廉价的计算机集群，成本比较低，普通用户也很容易用自己的 PC 搭建 Hadoop 运行环境。

6. 运行在 Linux 操作系统上

Hadoop 是基于 Java 开发的，可以较好地运行在 Linux 操作系统上。

7. 支持多种编程语言

Hadoop 上的应用程序也可以使用其他语言编写，如 C++ 等。

二、大数据采集技术

大数据收集的是各种类型的结构化、半结构化和 RFID 衍生数据，传感器数据，实时摄像机数据，非实时历史视频数据，社交网络交互数据和移动互联网数据，非结构化海量数据。

足够的数据是大数据业务战略策略的基础。因此，数据收集已成为分析大数据的关键要素。采集是大数据技术的重要组成部分，后续的分析和提取基于收集的数据。大数据技术的重要性并不是真正地控制大量信息，而是智能地处理数据以分析和提取有价值的信息。大多数公司仍在努力判断将来哪些数据将成为资产，以及如何在实际收入中完善它们。因此，即使是大型数据服务公司也很难给出确切的答案。但是有一点可以肯定：在大数据时代，拥有足够多数据的人将能够抓住未来，当前的数据收集是未来资产的积累。

数据收集基于物联网传感器和网络数据的收集进行。例如，在智能交通中，数据收集包括基于 GPS 的定位信息的收集、交通摄像头的视频采集、交通地图图像的采集以及在相交处采集线圈信号。互联网上的数据收集于各种网络媒体（例如搜索引擎、新闻网站、论坛、微博、博客、电子商务等），收集的内容主要包括文本、信息、URL、访问日志、日期和图像。之后，需要清理、过滤、筛选以及收集、分类和存储各种其他类型的数据。

数据收集过程中的 ETL 工具负责从分布式异构数据源——文本数据、关系数据以及非结构化数据（例如图像和视频等）——中提取不同类型和结构的数据。在临时中间层中进行清洗、转换、分类、集成并最终加载到相应的数据存储系统（例如数据仓库或数据集市等），成为分析处理的基础。大数据的 ETL 工具与传统的 ETL 过程不同，因为一方面大数据体量巨大，另一方面数据生成非常快，例如 CCTV 和智能电表每秒都在生成大量数据。数据预处理必须实时快速，在 ETL 的体系结构和工具选择中也会采用内存中的分布式数据库和流处理系统等。

现代企业中有各种应用程序、数据格式和存储要求，但是公司之间存在条块分割和信息孤岛。企业不允许相互之间进行数据交换和共享，而受各种应用技术和开发环境的限制，也为企业数据共享设置了障碍，阻碍了企业对数据的交换和共享，并阻碍了企业对数据可控、数据管理、数据安全的需求。为了实现跨部门的数据集成，尤其是在智慧城市的建设中，有必要制定统一的数据标准、交换接口和共享协议，以便来自不同部门的数据、服务和格式可以统一查看、交流和共享。通过企业数据总线（EDS），可以将企业数据访问集成与功能集成分开，以实现对企业应用程序中不同类型数据的访问。

企业数据总线有效地创建了数据访问抽象层，该层允许业务功能绕过企业数据访问的细节。业务组件应仅包括服务功能组件（以实现现有的服务功能）和数据访问组件（使用企业数据总线）。通过企业数据总线，企业管理数据模型和应用程序系统数据模型之间形成了统一的转换接口，并有效降低了业务服务数据和应用程序系统数据模型之间的联系程度。在大数据场景中，企业数据总线上将存在大量同步数据访问请求。总线上任何模块的性能都会严重下降，这将严重影响总线功能，因此企业数据总线还必须同时具备大规模并发式和可伸缩性的实现方式。

三、大数据存储技术

（一）分布式文件系统 HDFS

面对海量的数据，如何将其高效、便捷地存储起来是大数据时代面临的一个非常重要的问题。为了存储不同的数据，谷歌公司推出了非常实用的分布式文件系统。这种存储系统能够通过互联网将数据存储在不同的计算机上，进而满足海量规模的数据存储需求。Hadoop 分布式文件系统是 GFS 的开源方式，也是 Hadoop 的核心之一。HDFS 的容错能力非常好，而且不需要非常昂贵的硬件设备。因此 HDFS 的使用成本相对比较低廉，而且其读取和存储速度也是非常流畅的。

HDFS 继承了 GFS 的一些基本思想。一开始，HDFS 并不是一个独立的项目，而是 Apache Nutch 搜索引擎的一个组成部分。经过不断完善和开发，HDFS 逐渐独立出来，最终和 MapReduce 共同成为 Hadoop 的核心。HDFS 能够搭载在一些比较低价的普通机器上，不但支持流数据读取，而且能够流畅地处理一些规模比较大的数据文件，这主要是因为 HDFS 在一开始设计的时候就已经考虑到了实际环境的问题。

1.HDFS 能够实现的目的

在现实环境中，硬件是很容易出问题的。这种问题并不是个例，而是一种普遍的现象。为此，HDFS 使用了很多不同的保护机制来保证即使硬件出问题了也能使数据保持完整。HDFS 能够实现以下几个目的：

（1）硬件设备不需要高昂的价格

使用比较便宜的硬件设备是 HDFS 出于对成本的考虑，也是出于对现实情况的考虑。大量的数据被存储在数以千计的机器上，很容易出现某个节点失效的情况。HDFS 针对这种情况专门设计了硬件检测功能，并且设计了自动恢复机制，这使 HDFS 的数据完整性非常可靠。

（2）流数据读写

对于一般的文件系统来说，其主要用途是用来随机读写或者是与不同的用户进行交流互动。HDFS 则不同，它是为了能够进行批量数据处理而设计的。因此，HDFS 比普通文件系统具有更高的数据存储能力，能够实现流数据读写。

（3）大数据集

HDFS 中存储的文件一般都比较大，基本单位在 TB 级别，但是几百台机器就可以轻松容纳千万个这样的文件。

（4）文件模型比较简单

HDFS 只需要在文件存储时写入一次就可以了，但是也只能写入一次，之后就可以多次读取文件。

（5）兼容性比较强

HDFS 是在 Java 平台上开发的，能够兼容不同的系统平台，这也是 HDFS 的一个优点。

2.HDFS 存在的局限性

虽然 HDFS 具有很多优良的性能，但是也具有一定的局限性，这些局限性主要体现在以下几个方面：

（1）不适合低延迟数据访问

HDFS 主要是面向大规模数据批量处理而设计的，采用流式数据读取，具有很高的数据存储率，但是，这也意味着较高的延迟。因此，HDFS 不适合用在需要较低延迟（如数十毫秒）的应用场合。对于低延时要求的应用程序而言，HBase 是一个更好的选择。

（2）无法高效存储大量小文件

小文件是指文件大小小于一个块的文件。HDFS 无法高效存储和处理大量小文件，过多小文件会给系统的扩展性和性能带来诸多问题。首先，HDFS 采用名称节点来管理文件系统的元数据，这些元数据被保存在内存中，从而使客户端可以快速获取文件的实际存储位置。通常，每个文件、目录和块大约占 150Byte，如果有 1000 万个文件，每个文件对应一个块，那么，名称节点至少要消耗 3GB 的内存来保存这些元数据信息。很显然，这时的元数据检索效率就比较低了，需要花费较多的时间找到一个文件的实际存储位置。而且，如果继续扩展到数十亿个文件，名称节点保存元数据所需要的内存空间就会大大增加，以现有的硬件水平是无法在内存中保存如此大量的元数据的。其次，用 MapReduce 处理大量小文件时，会产生过多的 Map 任务，进程管理开销会大大增加，因此，处理大量小文件的速度远远低于处理同等规模的大文件的速度。再次，访问大量小文件的速度远远低于访问几个大文件的速度，因为访问大量小文件，需要不断从一个数据节点跳到另一个数据节点，严重影响性能。

（3）不支持多用户写入及修改文件

HDFS 只允许一个文件有一个写入者，不允许多个用户对同一个文件执行写入操作，而且只允许对文件执行追加操作，不能执行随机写入操作。

（二）分布式数据库 HBase

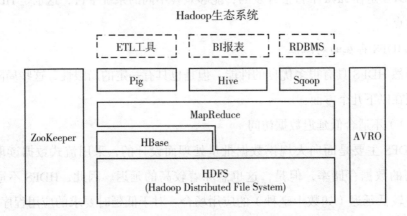

图 1-2-1　Hadoop 生态系统中 HBase 与其他部分的关系

如图 1-2-1 所示为 Hadoop 生态系统中 HBase 与其他部分的关系。HBase 与传统的关系数据库的区别主要体现在以下几个方面：

1. 数据类型

关系数据库采用关系模型，具有丰富的数据类型和存储方式。HBase 则采用了更加简单的数据模型，它把数据存储转化为未经解析的字符串，用户可以把不同格式的结构化数据和非结构化数据都序列化成字符串保存到 HBase 中，用户需要自己编写程序，把字符串解析成不同的数据类型。

2. 数据操作

关系数据库中提供了丰富的操作，如插入、删除、更新、查询等，其中会涉及复杂的多表连接，通常借助于多个表之间的主外键关联来实现。HBase 提供的操作则不存在复杂的表与表之间的关系，只有简单的插入、查询、删除、清空等。因为 HBase 在设计上避免了复杂的表与表之间的关系，通常只采用单表的主键查询，所以它无法实现像关系数据库中那样的表与表之间的连接操作。

3. 存储模式

关系数据库是基于行模式存储的，元组或行会被连续地存储在磁盘页中。在读取数据时，需要顺序扫描每个元组，然后从中筛选出查询所需要的属性。如果每个元组只有少量属性的值对于查询是有用的，那么基于行模式存储就会浪费许多磁盘空间和内存带宽。HBase 是基于列存储的，每个列族都由几个文件保存，不同列族的文件是分离的，它的优点是：可以降低 I/O 开销，支持大量并发用户查询（因为仅需要处理可以回答这些查询的列，而不需要处理与查询无关的大量数据行）；同一个列族中的数据会被一起压缩（由于同一列族内的数据相似度较高，因此可以获得较高的数据压缩比）。

4. 数据索引

关系数据库通常可以针对不同列构建复杂的多个索引，以提高数据访问性能。与关系数据库不同的是，HBase 只有一个索引——行键，通过巧妙的设计，HBase 中的所有访问方法，或者通过行键访问，或者通过行键扫描，从而使整个系统不会慢下来。由于 HBase 位于 Hadoop 框架之上，因此可以使用 Hadoop MapReduce 来快速、高效地生成索引表。

5. 数据维护

在关系数据库中，更新操作会用最新的当前值去替换记录中原来的"旧"值，"旧"值被覆盖后就不会存在了。而在 HBase 中执行更新操作时，并不会删除数据的旧版本，而是生成一个新版本，旧版本仍然被保留。

6. 可伸缩性

关系数据库很难实现横向扩展，纵向扩展的空间也比较有限。相反，HBase 和 BigTable 这些分布式数据库就是为了实现灵活的横向扩展而开发的，因此能够轻易地通过在集群中增加或者减少硬件数量来实现性能的伸缩。

但是，相对关系数据库，HBase 也有自身的局限性，如 IIBase 不支持事务，因此无法实现跨行的原子性。

（三）NoSQL 数据库

当应用场合需要简单的数据模型、灵活性的 IT 系统、较高的数据库性能和较低的数据库一致性时，NoSQL 数据库便是一个很好的选择。通常，NoSQL 数据库具有以下 3 个特点：

1. 灵活的可扩展性

传统的关系数据库由于自身设计的局限性，通常很难实现"横向扩展"。当数据库负载大规模增加时，往往需要通过升级硬件来实现"纵向扩展"。但是，当前的计算机硬件制造工艺已经达到一个限度，性能提升的速度开始趋缓，已经远远赶不上数据库系统负载的增加速度，而且配置高性能服务器价格不菲，因此寄希望于通过"纵向扩展"满足实际业务需求，已经变得越来越不现实。相反，"横向扩展"仅需要非常普通且廉价的标准化刀片服务器，不仅具有较高的性价比，还提供了理论上近乎无限的扩展空间。NoSQL 数据库在设计之初就是为了满足"横向扩展"的需求，因此天生具备良好的横向（水平）扩展能力。

2. 灵活的数据模型

关系数据模型是关系数据库的基石，以完备的关系代数理论为基础，具有规范的定义，遵守各种严格的约束条件。这种做法虽然保证了业务系统对数据一致性的需求，但是过于死板的数据模型，意味着无法满足各种新兴的业务需求。相反，NoSQL 数据库天生就旨在摆脱关系数据库的各种束缚条件，摒弃了流行多年的关系数据模型，转而采用键值、列族等非关系数据模型，允许在一个数据元素里存储不同类型的数据。

3. 与云计算紧密融合

云计算具有很强的水平扩展能力，可以根据资源使用情况进行自由伸缩，各种资源可以动态加入或退出。NoSQL 数据库可以凭借自身良好的横向扩展能力，充分利用云计算基础设施，很好地将数据库融入云计算环境中，构建基于 NoSQL 的云数据库服务。

NoSQL 数据库虽然数量众多，但是归结起来，通常包括键值数据库、列族数据库、文档数据库和图数据库。

（1）键值数据库

键值数据库（Key-Value Database）会使用一个哈希表，这个表中有一个特定的 Key 和一个指针指向特定的 Value。Key 可以用来定位 Value，即存储和检索具体的 Value。Value 对数据库而言是透明不可见的，不能对 Value 进行索引和查询，只能通过 Key 进行查询。Value 可以用来存储任意类型的数据，包括整型、字符型、数组、对象等。在存在大量写操作的情况下，键值数据库可以比关系数据库取得更好的性能。因为，关系数据库需要建立索引来加速查询，当存在大量写操作时，索引会发生频繁更新，由此会产生高昂的索引维护代价。关系数据库通常很难横向扩展，但是键值数据库天生具有良好的伸缩性，理论上几乎可以实现数据量的无限扩容。键值数据库可以进一步划分为内存键值数据库和持久化（Persistent）

键值数据库。内存键值数据库把数据保存在内存中，如 Memcached 和 Redis；持久化键值数据库把数据保存在磁盘中，如 Berkeley DB、Voldmort 和 Riak。

当然，键值数据库也有自身的局限性，条件查询就是键值数据库的弱项。因此，如果只对部分值进行查询或更新，效率就会比较低下。在使用键值数据库时，应该尽量避免多表关联查询，可以采用双向冗余存储关系来代替表关联，把操作分解成单表操作。此外，键值数据库在发生故障时不支持回滚操作，因此无法支持事务。

（2）列族数据库

列族数据库通常使用的模型是列族数据模型，这种数据库由很多个不同的行组成，同时不同行的数据内又包含很多个列族，而且不同的行所包含的列族的数量也不一定相同，但是同一列族中的数据会被放在一起。在数据库中的每行数据是通过行键来定位的，一个行键代表一个列族。从这方面来看，列族数据库也是另外一种类型的键值数据库。

（3）文档数据库

在文档数据库中，文档是数据库的最小单位。虽然每一种文档数据库的部署有所不同，但是大都假定文档以某种标准化格式封装，并对数据进行加密，同时用多种格式进行解码，包括 XML、YAML、JSON 和 BSON 等，或者也可以使用二进制格式进行解码（如 PDF、微软 Office 文档等）。文档数据库通过键值来定位一个文档，因此可以看成键值数据库的一个衍生品，而且前者比后者具有更高的查询效率。对于那些可以把输入数据表示成文档的应用而言，文档数据库是非常合适的。一个文档可以包含非常复杂的数据结构，如嵌套对象，并且不需要采用特定的数据模式，每个文档可能具有完全不同的结构。文档数据库既可以根据键（Key）来构建索引，又可以基于文档内容来构建索引。基于文档内容的索引和查询能力是文档数据库不同于键值数据库的地方。因为在键值数据库中，值（Value）对数据库是透明不可见的，不能根据值来构建索引。文档数据库主要用于存储并检索文档数据，当文档数据需要考虑很多关系和标准化约束，以及需要事务支持时，传统的关系数据库是更好的选择。

（4）图数据库

图数据库以图论为基础，一个图是一个数学概念，用来表示一个对象集合，包括顶点以及连接顶点的边。图数据库使用图作为数据模型来存储数据，完全不同于键值、列族和文档数据模型，可以高效地存储不同顶点之间的关系。图数据库专门用于处理具有高度相互关联关系的数据，可以高效地处理实体之间的关系，比较适合于社交网络、模式识别、依赖分析、推荐系统以及路径寻找等问题。有些图数据库（如 Neo4J）完全兼容 ACID。但是，图数据库除了在处理图和关系这些应用领域具有很好的性能以外，在其他领域，其性能不如其他 NoSQL 数据库。

（四）云数据库

云数据库的特性可以从以下几个方面来考虑：

1. 动态可扩展

理论上来说，云数据库的可扩展性具有无限的可能，能够不断增加自己的存储量。云数据库能够应对不同数据条件的变化，具有良好的存储弹性。比如，一些做零售电子商务的企业很容易遇到季节性或者突发性的变化，这些变化可能体现在不同的方面，可能会导致用户量急剧增加，这时，企业就可以利用云数据库良好的存储弹性优势迅速处理急剧增加的信息量，这个过程是非常短暂的，并不会给企业的运营带来影响。当这种变化趋于稳定时，云数据库又可以释放一些无效信息。

2. 高可用性

云数据库就像它的名字一样，不会出现单个节点失效的问题。如果一个节点出现问题了，那么其他节点会自动管理剩余的事物。云数据在存储数据时也采用了冗余存储的方法，分散在不同的地点。当前，很多世界大型的云数据服务商都在世界各地建立自己的数据存储中心，这对提升云数据的容错率是非常有效的。

3. 较低的使用代价

很多云数据服务提供商都具备同时为不同的用户提供服务的能力，这种服务方式能够避免数据的重复，同时也能够使用户得到经济上的实惠。另外，很多云数据服务提供企业一般也会提供"按需付费"的内容。这种方式能够节省企业开支，避免资源浪费。云数据库一般会使用成本比较低的商业服务器来作为底层数据存储设备，这也在很大程度上为企业节省了开支。

4. 易用性

云数据库的使用者只需要连接网络就可以接入云数据库，不用考虑云数据库具体在什么位置，而且使用起来与本地数据库没有区别。通常来说，基于 MySQL 的云数据库对 MySQL 的兼容性非常强，能够完全兼容 MySQL 协议，这为用户接入云数据库提供了方便，同时，可以将原有 MySQL 应用完整地转移到云数据库中，而且不需要进行任何改变。

5. 高性能

云数据库作为一种先进的数据库，采用的是分布式存储。这种大型的存储集群能够容纳海量数据，同时能够实时、自动备份。

6. 免维护

用户不需要关注后端机器及数据库的稳定性、网络问题、机房自然灾害、单库压力等各种风险，云数据库服务商提供"7×24h"的专业服务，扩容和迁移对用户透明且不影响服务，可以提供全方位、全天候立体式监控，用户无须半夜去处理数据库故障。

7. 安全

云数据库能够隔离不同应用数据，因此，不同的应用数据在云数据库中不会相互干扰。同时，云数据库随时进行安全检查，能够实时检测安全漏洞，阻止恶意攻击。另外，云数据库能够提供不同地点的数据备份资料，防止数据丢失。

四、大数据计算模式

MapReduce 是大家熟悉的大数据处理技术，当人们提到大数据时就会很自然地想到 MapReduce，可见其影响力之广。实际上，大数据处理的问题复杂多样，单一的计算模式是无法满足不同类型的计算需求的，MapReduce 其实只是大数据计算模式中的一种，它代表了针对大规模数据的批量处理技术，除此以外，还有批处理计算、流计算、图计算、查询分析计算等多种大数据计算模式。

（一）批处理计算

在数据处理中，批处理计算是一种非常常见的需求，主要用来处理一些规模比较大的数据。在众多的批处理计算技术中，MapReduce 是常用的、具有代表性的批处理技术，能够处理海量数据，通常用于处理、计算 1TB 以上的数据。MapReduce 使分布式编程工作变得更加简便了，它能够将非常烦琐的、用于规模比较大的集群上的并行运算简化为两个不同的函数，分别是 Map 和 Reduce，这为编程人员提供了很大的方便。即使一些不会分布式并行编程的人员，也能够轻松地将自己的程序植入到分布式系统中，进而完成数据计算。

Spark 是一种比 MapReduce 计算速度更快的集群分布式计算系统，能够用于计算规模超大的数据。Spark 还是用了优势比较明显的内存分布数据集，不但支持交互式查询，而且极大地优化了迭代工作负载。Spark 与 MapReduce 在中间结果的储存上的区别是，MapReduce 数据流的来源比较稳定，而且经过一系列的处理后依然流出到另一个比较稳定的文件存储系统，而 Spark 则并没有将中间结果直接流出，而是存储在本地存储设备中，这也是 Spark 计算速度非常快的主要原因。

（二）流计算

在大数据的数据类型中，流数据是一种非常重要的数据类型，指的是一个动态的数据集合体。在这个集合体中，数据在时间和数量上始终是运动的，且随着时间的流逝，集合体中数据的价值也会逐渐降低。因此，流数据的计算必须快速，达到秒级的速度。流计算具备实时处理数据的能力，而且能够处理不同类型的数据，以体现数据的价值。

（三）图计算

在大数据时代，许多大数据都是以大规模图或网络的形式呈现的，如社交网络、传染病传播途径、交通事故对路网的影响等。此外，许多非图结构的大数据也常常会被转换为图模型后再进行处理分析。MapReduce 作为单输入、两阶段、粗粒度数据并行的分布式计算框架，在表达多迭代、稀疏结构和细粒度数据时，往往显得力不从心，不适合用来解决大规模图计算问题。因此，针对大型图的计算，需要采用图计算模式，目前已经出现了不少相关图计算产品。比如谷歌公司的 Pregel 就是一个用于分布式图计算的计算框架，主要用于 PageRank 计算、最短路径（SSSP）、图便利（BFS）等。其他代表性的图计算产品还包括 Spark 生态系统中的 GraphX、Flink 生态系统中的 Gelly、图数据处理系统 PowerGraph 等。

（四）查询分析计算

大数据处理技术必须具备实时处理超大规模数据的能力，包括存储管理能力和实时分析能力，这样才能得到不同企业的认可。Dremel 就是一个非常便利的大数据处理系统，能够提供可扩展的、交互式的实时查询服务，而且主要用来读嵌套数据的分析，是由世界著名的互联网公司——谷歌开发的。Dremel 具有超强的数据查询能力，能够在几秒内读取上万亿张表。同时，Dremel 超强的扩展性使其能够扩展到千万个 CPU 上，这样能够使谷歌用户随时操作 PB 级别的数据，而且只需两三秒。Dremel 由于具有强大的数据查询分析功能，所以受到市场的广泛好评，因此，Cloudera 也模仿 Dremel，研发了自己的查询引擎 Impala。Impala 也具有良好的数据处理能力，能够快速调取 HDFS 和 HBase 中 PB 级别的数据。

第二章 营销管理概述

本章为营销管理概述，主要介绍营销管理方面的内容和知识，共分为三节。第一节为营销理念的发展，第二节为营销管理的相关概念，第三节为营销管理的过程分析。

第一节 营销理念的发展

一、传统观念

（一）生产观念

生产观念是一种最原始的营销理念，在很长时间内指导着销售者的销售行为。生产观念认为，人们普遍喜欢购买比较常见和便宜的产品。基于此，企业应当在生产效率和生产成本上进行优化，从而在价格上占据市场优势。生产观念是一种非常重视生产的商业理念，致力于用低价来打开市场，这种观念的产生与卖方市场有很大的关系。

生产观念在资本主义萌芽的初期和第一次世界大战以后的一段时间内是一种非常流行的商业观念。当时，社会物资比较紧缺，很多企业的产品处于供不应求的状态。当然，生产观念在当时比较流行的另一个比较重要的原因是很多企业的生产成本比较高。因此，企业管理者们乐于降低生产成本。比如，福特汽车的创始人亨利·福特就曾经致力于降低产品的成本，让更多的消费者可以购买福特品牌的汽车，进而不断提高福特汽车的市场份额。

（二）产品观念

在产品观念的营销理念中，消费者一般都喜欢质量比较好、功能比较多并且新颖有特色的产品，而企业就是要不断提高自己产品的质量。产品观念最早出现在卖方市场时期，产品处于供不应求的阶段，当然在买方市场情况下也会出现。当一个企业创造了一个新产品时最容易促进产品观念的增长，这时产品观念很容易让管理者陷入管理的误区，认为只要质量好，消费者就会出钱购买，没有深入考虑市场的需求。产品观念将注意力集中在产品上，这并不是完全错误的，但是要想使这种专注度转变为竞争力，还要深入研究市场变化。

（三）推销观念

推销观念是一种常见的也是被很多企业广泛认可的营销理念。推销观念认为，人们一般在购买产品时都有一定的消极心态，因此需要销售人员来刺激消费者的购买欲望，否则人们一般不会大量购买同一个企业的产品。在推销观念中，企业主要的任务就是通过销售人员引导消费者购买自己企业的产品。在市场经济环境下，推销观念一般是为了让人们购买一些非必需的产品或者服务，这种观念一般出现在产品过剩的环境中。

二、营销观念

营销观念与之前介绍的几种观念不同，是一种比较符合现代企业管理的营销理念。营销观念在很早就已经出现了，但是其核心理念到 20 世纪 50 年代才被人们完整地总结出来。营销观念更加理性，认为企业必须正确地分析市场，研究市场需要，才能完成企业的目标。另外，企业还要提高自身产品的品质和服务，以满足消费者的需求和期望，从而应对不同竞争者。总的来说，营销观念是以市场的需要为导向的营销理念，体现了消费者的需求在销售过程中的重要性。

三、客户观念

随着市场的发展，营销理念的关注点逐渐由产品向客户转移，以客户的需求和满意程度来作为营销的主要目标。客户观念认为企业应当积极通过不同的渠道及时且准确地了解客户的需求，这样才能完成企业的目标。人们在不同的场合有不同的角色，客户在不同的环境中也会有不同的需要。因此，企业应当积极调整自身的营销战略以适应市场的变化。当前，市场开放程度越来越高，变化也越来越快，很多企业的营销理念都开始向客户观念转变。

客户观念指的就是企业要随时关注、收集任何一个客户的信息，如交易信息、行为习惯、消费习惯、消费偏向等不同信息，通过这些信息来有针对性地为客户提供产品或服务，进而提高客户的忠诚度，促进客户的购买欲望，提高企业的销售额。在营销观念中，企业需要关注每个市场的产品需求，但是客户观念却不同，客户观念要求企业更加准确地关注每一个客户的需求。

客户观念有点儿类似"一对一"的服务，这一点并不是对所有企业都合适。因为客户观念需要企业投入大量的人力、物力、财力来收集客户的信息、建设客户资源库等，这些都需要很大的资金支持，这一点对有的企业来说是比较困难的，而且企业前期的投入未必会很快见到成效，有可能投入的资金在相当长的一段时间内看不到效果。客户观念对于一些善于分析单个客户的企业来说是非常有效的，企业能够利用客户数据库进行交叉营销，同时也能根据数据不断进行产品升级，不断提升产品的价值，进而获得较好的效益。

四、社会营销观念

（一）社会营销观念的提出

社会营销观念产生于 20 世纪 70 年代，当时西方资本主义国家出现了一些问题，如能源紧张、通货膨胀、就业率低等问题，同时环境污染也比较严重，而且社会比较重视对消费者的保护。社会营销观念比较关注自然环境、人口增长、食品安全等一些社会问题，也可看作是对营销观念的一种补充。社会营销观念提出以后，受到世界很多国家和组织的重视，很多发达国家和发展中国家开始接受这一管理理念，因为这一理念对人类社会的目标的实现具有重大的意义。

由于市场营销观念过于重视市场的需要，因此对社会发展和消费者利益之间隐含的矛盾不够重视，甚至是没有考虑到。鉴于此，社会营销观念认为企业的任务一方面是明确不同目标市场的需要、利益和欲望，另一方面是要保护或改善消费者的社会环境。另外，社会营销观念要求企业要为目标市场提供比竞争者更加有效和有利的产品，以满足目标市场的需要。同时，社会营销观念还要求企业要充分考虑不同方面的关系，也就是企业利润、消费者需要的满足和社会效益之间的关系。

（二）宏观营销的含义

随着人类社会的发展，环境污染日益严重，因此保护生态环境越来越受到人们的重视，同时人们也越来越重视保护消费者的权益。在这种社会背景下，人们开始注意营销所带来的宏观效果。宏观营销与微观营销有一定的差异，主要表现在宏观营销比较注重产品供给与需求的适应性问题，致力于实现社会共同目标；微观营销则比较注重客户的需要。宏观营销是从社会整体的角度出发，微观营销是从企业的角度出发。

（三）绿色营销的兴起

绿色营销指的是任何企业在生产和销售管理中都应当关注自然环境，避免污染环境，充分使用可回收资源，从人类长远发展的角度管理企业。绿色营销观念需要注意以下两点：第一，企业面向的对象不单是客户或者顾客，还有整个社会；第二，企业管理过程中不但需要依赖环境来获取资源，而且还需要营销产物对环境是友好的。

绿色营销比较重视生态环境，需要企业在创造效益的同时消除生产经营活动对环境造成的危害。也就是说，企业在选择生产工艺、生产原料时应当从保护环境的角度出发，选择对环境友好的工艺和原料；在对产品进行包装时，应当使用对环境无污染或者可以循环利用的包装材料；在对产品进行销售时，销售人员应当积极向客户宣传环境保护理念，引导消费者合理处理废弃物，防止环境污染；另外，在整个生产、销售、售后服务过程中，要始终避免浪费资源。

总的来说，绿色营销就是要求企业在管理过程中既要考虑到自己效益，又要努力提高自己的生产水平，降低对环境的污染，使企业与环境能够和谐共存，进而不断改善人们的生存环境。

第二节　营销管理的相关概念

一、需要、欲望和需求

需要指的是人类维持基本生存所需要的基础资源，如空气、水、食物等。欲望指的是人们在维持基本生存条件的情况下对娱乐、教育、休闲等方面的需要。欲望与人们的生活环境有很大的关系，是由社会决定的。比如，在美国人眼里，食物可能指的是比萨、汉堡、啤酒、可乐等，而在日本人眼里，食物可能指的是寿司、米饭等。

需求可以看作是一种特殊的欲望，这种欲望与个体的购买能力有很大的关系。比如很多人都想拥有一辆属于自己的宝马汽车，但是并不是人人都能买得起。因此，企业管理者需要了解有多少人想要购买自己的产品，还需要了解自己的产品能够被多少人买得起。

需要可以根据下面几种情况进行分类：

第一，比较明确的需要（客户就想要一台苹果笔记本电脑）。

第二，真实需要（客户想要一辆比较好用的车，比如省油的车，而不是售价比较便宜的车）。

第三，不明确的需要（客户想花最少的钱买最实惠的产品）。

第四，令人高兴的需要（客户购买手机想让商家赠送一副耳机）。

第五，隐形需要（客户希望使自己看起来很内行）。

二、目标市场、定位和市场细分

每个人都有自己的喜好，因此，营销人员需要观察人们的心理、爱好等差异来对不同的地区采取不同的营销措施，这就是一个市场细分的过程。通过市场细分，营销人员才可以逐渐发现不同市场的不同的销售机会。比如，为人熟知的汽车品牌沃尔沃，其始终致力于汽车安全性能的研发，并以此来宣传自己的品牌，其销售方向就是那些比较关注汽车安全性能的买家；而保时捷则非常注重汽车的操控性，因此，它所定位的买家就是追求驾驶愉悦感并且能够在驾驶中寻找到刺激的人群。

三、供应物和品牌

企业的供应物指的就是企业的产品、服务等，也可以将它们进行组合。

品牌是来自可知来源的供应物。一个品牌在消费者心目中存在很多不同的用于塑造形象的联想。如苹果给人的联想包括：创新的、富有创造力的、便于使用的、有趣的、酷的、iPod、iPhone 和 iPad，这些都只是一部分。所有公司都努力使自身的品牌形象具有尽可能多的、强有力的、积极的和独特的品牌联想。

四、营销渠道

通常来说，营销人员与目标市场进行接触的渠道有三种，分别是传播渠道、分销渠道和服务渠道。

传播渠道是范围最广的渠道，主要是发布企业的产品和收取目标客户的信息，包括电视、报纸、邮件、电话、新媒体、互联网等。传播渠道是多种多样的，企业自己的实体店面、广告、网店、网站等都是传播企业品牌的重要方式。

分销渠道指的是帮助企业进行销售的渠道。企业最终通过分销渠道将自己的产品卖给消费者。分销渠道也分为直接渠道和间接渠道。直接渠道指的是企业内部的销售团队，分销渠道指的是企业产品的批发商、经销商、零售商等中间机构。

服务渠道也是营销人员与客户接触的重要渠道。通过服务渠道，营销人员可以发现一些潜在的客户。因此，营销人员应当合理地规划自己的产品，充分利用服务渠道。

五、付费媒体、自有媒体和免费媒体

数字媒体的兴起给了营销人员许多与消费者和顾客互动的新方式。我们可以将传播方式归为三大类。

付费媒体包括电视、杂志和展示广告，付费搜索和赞助，对于这些媒体营销者只要付费就可以展示其广告和品牌。

自有媒体是营销者自身拥有的传播渠道，比如公司手册或者品牌手册、网站、博客或者微博账户。

免费媒体是消费者、新闻界和其他外部人自愿以口口相传、病毒式营销的方式传播品牌的信息流。

六、印象与融入

印象通常出现在消费者接触传播物时，是追踪传播覆盖广度和深度的衡量标准，同时也可以在各种类型的传播方式之间进行比较。不足之处是印象不提供任何观察传播结果的洞见。

融入是消费者在传播过程中注意力集中与主动被吸引的程度。它比印象反映更多有效的回应，并且更有可能为公司创造价值。一些线上的融入度衡量方式有网站的评论、视频或其他内容的分享。融入可以延伸到个人体验，增加或改变公司产品和服务。

七、价值和满意度

价值可以看作是营销的核心。不同的买家对价值的观点是不同的，他们一般会按照自己的价值标准来选择商品。通常来说，人们对价值的考虑主要通过三个方面，分别是质量、服务和价格。其中质量和服务是最重要的价值标准。

营销可以看作是营销人员深入了解客户价值理念的过程，这样才能为客户推荐与之匹配的产品。对于客户来说，如果购买的产品与自己的价值理念不符合，那么就会非常失望；如果购买的产品与自己的价值理念比较符合，那么就会比较满意；如果购买的产品超出的自己的价值预期，那么就会非常愉快。

八、供应链

供应链是指从原材料到零部件再到把成品送到买家手中的一个渠道。咖啡的供应链可能从埃塞俄比亚农民种植、照料和挑选咖啡豆并贩卖劳动成果开始。如果是通过一家加入"公平贸易"运动的合作组织出售，那么咖啡会被清洗、干燥并打包运送给非政府机构 ATO，该组织以最低每磅 1.26 美元（人民币约 9 元）的价格收购。ATO 将咖啡运送至发达国家，在那里它可以将咖啡直接售卖或者通过零售渠道售卖。链条中的每一家公司只能获取供应链价值传递系统创造出来的总价值的百分之几。一家公司兼并竞争对手或向上、向下延伸，其目的就是为了获取更高的供应链价值占比。供应链如果出现问题对企业是破坏性的，甚至是致命的。

九、竞争

竞争包括现有的和潜在的竞争产品以及消费者可能考虑的替代品。一个汽车制造商可以从美国钢铁公司那里购买钢铁，也可以从日本、韩国等钢铁公司购买，或者从短流程钢铁公司如 Nucor 购买，以节省成本，或者可以不购买钢铁，而是从美铝公司购买铝制部件或是从沙特基础工业公司购买工程塑料以减轻重量。很显然，相比其他一体化钢铁公司，替代品对美国钢铁公司的影响更大。如果美国钢铁公司没有意识到这一点，那么它对竞争范围的定义就过于狭窄。

第三节 营销管理的过程分析

一、分析营销环境

（一）营销环境的构成

1. 微观环境

（1）市场营销渠道

市场营销渠道指的是整个产品生产、销售、消费过程中的不同角色，主要有供应商、中间商、辅助商。其中，供应商主要负责供应产品所缺的材料，在一定程度上影响着产品的质量、价格等。

（2）企业内部环境

企业内部环境主要指的是企业自身各个不同部门，主要包括管理层、营销部门以及一些职能部门。

（3）消费者

消费者指的是最后使用产品的人员，也是企业营销活动最终的目标，是营销活动最重要的因素。

（4）竞争者

竞争者指的是生产与本企业相同类型的产品的企业。在市场经济环境下，任何企业不可避免地会遇到不同的竞争者。因此，企业必须不断提高自身实力，充分满足消费者的需求和欲望，才能在激烈的竞争环境中成长、壮大。

（5）利益相关者

利益相关者主要指的是一些影响企业营销目标的团体或者个人，他们与营销活动有直接或间接的利益关系。

2. 宏观环境

（1）经济环境

经济环境主要指的是某一范围内人们的购买能力、商品价格、消费构成等。任何产品的市场都是面向有购买能力的人。

（2）人口环境

人口环境是非常重要的环境因素，主要指的是具有一定购买力的人。营销的最终目的是为了将产品卖给有需要的人，因此，只有人的需要才能激发企业生产产品。

（3）自然环境

自然环境指的是对企业的生产产生影响的自然因素，如自然资源、地理位置等。当前，自然环境逐渐恶化的趋势并没有改变，因此，企业应当在生产的同时关注环境的变化。

（4）法律环境

法律环境与企业所在的地域有直接的关系。任何企业参与生产活动必须遵守所在地区的法律，而且法律具有强制性，因此，企业应当在法律规定的范围内进行生产、销售等。

（5）科技环境

科技环境对营销活动的影响是非常明显的，而且也是非常直接的。科技的发展可能会改变市场的供需状态，能够刺激消费者的消费欲望。通常来说，新技术能够增加产品的市场供应，增加消费者的选择性，从而改变消费结构。

（6）文化环境

文化环境对某一地区人们的消费观念有很大的影响，其主要指的是某一地区人们的民族信仰、价值观、生活习惯、教育水平等。

（二）市场环境信息的收集

互联网使人们可以随时随地进行沟通交流，极大地促进了世界经济一体化的发展，同时也使企业间的竞争更加激烈。面对激烈的市场竞争，企业需要及时获取不同的信息以应对市场的变化。因此，企业应当建立自己的营销信息系统，以此作为企业适应市场变化的重要武器，同时这也能够在很大程度上提高企业的竞争力。

1. 营销信息系统概述

营销信息系统，顾名思义指的就是由为营销而服务的负责收集、整理、分析、评估信息的人、设备、程序等构成的系统。通过营销信息系统，营销人员能够及时获取营销信息，并根据营销信息制订营销计划。具体来说，营销信息系统有以下几个功能：

第一，评估营销信息的需求。

第二，开发、收集营销信息。

第三，分析、解释营销信息并生成信息报告。

第四，派送营销信息。

2. 市场营销信息系统运行管理的内容

企业建立市场营销信息系统需要运行管理才能发挥系统的价值。系统运营管理主要包括以下几个方面的内容：

（1）日常运行管理

日常运行管理主要指营销信息的收集、校验、录入等，同时还要保证信息的完整准确。另外，要及时维护系统软、硬件。

第一，收集信息。收集信息主要是收集市场情报、企业内部资料以及通过市场调查得到的信息。信息收集是企业营销系统非常关键的步骤，也是其核心内容。

第二，数据校验。数据是企业最重要的资源，信息系统的所有软、硬件设备都是为了保证数据的准确而建立的。数据是否准确能够影响企业的营销策略，数据校验看似简单，实则是一份非常需要耐心的工作。

第三，信息录入。信息录入的工作相对来说比较简单，但是要保证录入的质量。

（2）系统运行情况的记录、检查与评价

营销管理系统除了需要日常管理，还需要及时、详细地记录系统的工作情况。

第一，记录工作数量。

第二，计算工作效率。

第三，提高信息服务质量。

系统的评价主要有三个方面。

第一，预定目标是否达成，是否需要修改。

第二，系统是否安全可靠。

第三，维护是否方便。

（三）SWOT分析法

1.SWOT模型的要素

（1）机会与威胁分析（OT）

环境有两类发展趋势，分别是环境威胁和环境机会。

环境威胁指的是环境中一些不利于企业发展的发展趋势。如果企业遇到环境威胁则需要及时采取措施，否则公司的竞争力会明显下降，进而影响公司的行业地位。

环境机会指的是在该环境中对公司的发展有利，而且与公司所涉及的领域比较符合的发展趋势。面对环境机会，企业具有很大的发展优势，竞争优势比较明显。

（2）优势与劣势分析（SW）

在同一市场环境下，如果两个不同的企业都有能力为同一客户群体提供产品或者服务，那么当其中一个企业的盈利率比较高或者具有很高的盈利潜力时，这个企业就具有更好的竞争优势。如果从消费的角度看待竞争优势，那么竞争优势指的就是企业的产品与竞争对手的产品有一定的区别，并且更加优质，这种区别或者优质的地方可以是产品的大小、质量、风格，抑或是售后服务等。

在市场经济条件下，产品的质量是企业生存的基石。如果一个企业生产的产品在质量上得不到消费者的认可，那么这个企业必定不能长远发展。因此，在当前市场环境下，企业应当尽力提升产品的质量，不断增强企业的创新能力和服务质量，进而树立良好的企业形象。

一个成熟的现代化企业必定有自己的企业文化，这种文化能够引导企业成员的价值取向和行为，具体表现在以下两个方面：

第一，引导企业中个体的思想和行为。

第二，引导企业整体的价值取向和管理理念。

企业一旦形成自己的企业文化，那么就有自己属于企业本身的价值标准和行为准则。如果企业中成员的个体思想和行为与企业文化不符，那么在企业文化的引导下，个体会逐渐转变自己的思想和行为，逐渐使自己的思想与企业文化的价值标准相符。企业文化主要存在于企业内部，这就像不同民族之间的文化一样，仅在一定范围内有效，它影响着企业成员的生活态度、工作态度、处事方式等。

2.SWOT 分析矩阵

企业根据 SWOT 分析法可以分析出自己的优势和劣势，并准确把握环境机会和威胁。环境分析矩阵一般将分析结果总结为四种战略，分别是 SO、WO、ST、和 WT。

（1）SO 战略

优势＋机会，具有杠杆效果。优势与机会相结合使企业能够充分激活内部动力，为企业开辟新的发展道路。当然，机会需要企业管理者拥有敏锐的目光才能在它来临时紧紧抓住。

（2）WO 战略

劣势＋机会，具有抑制性。当外部环境为企业的发展提供的机会与企业内部的资源不匹配时，企业管理者就需要及时增加企业内部的某些资源，使企业内部资源逐渐转变为优势资源，以更好地适应环境机会。

（3）ST 战略

优势＋威胁，具有脆弱性。如果外部环境对企业内的资源优势构成了威胁，那么企业的优势就无法有效地发挥出来，这时企业管理者就需要采取果断措施克服外部环境的威胁。

（4）WT 战略

劣势＋威胁，具有问题性。如果企业遇到了威胁，而且自身内部资源没有优势，那么这是非常坏的情况，如果处理不好很可能会导致企业无法继续生存。

二、进行市场调查

（一）市场调查在营销中的作用和意义

1. 开发新产品和开拓新市场的需要

现代社会经济发展十分迅速且激烈，企业只有坚持创新，开辟新产品和新市场，才能够在这个时代生存和更好地发展，为企业自身的产品和服务创造更多的发展机会。其重要途径就是调查消费者和市场，包括但不限于消费者的需求、偏好与偏好变化、消费趋向和期望的产品价值。经过市场调查，企业才能够根据消费者与市场背景来设计出合理的产品，从而制定营销策略，促进企业营销的进一步发展。

2. 提高企业的竞争能力

在这个信息大爆炸的时代，信息的掌握对于企业来说十分重要，信息的时效性与有效性是企业所看重的。只有掌握了具有时效性的信息，企业才能够在竞争中处于领先地位。而只有进行市场调查，才能够掌握第一手的有效信息。流动性不强的企业想要获得这些有利用价值的信息，只有自己亲自调查。

3. 有助于产品品质和顾客满意度的跟踪

进行市场调查有助于提升产品品质，并且可以跟踪客户的满意度。企业想要在市场上占有一定的份额，需要做好客户的满意度调查，这样才能够留住目标客户，而客户满意的前提是享受到优质的产品和服务。此时就需要企业进行相应的市场调查，只有进行市场调查，企业才能了解客户的需求，从而在商品方面有针对性地下功夫，作为企业决策的依据。

（二）市场调查的具体应用

重视市场调查是买方市场对企业提出的客观要求，是企业走向成熟的重要标志。

1. 规范市场调查的步骤

市场调研的步骤具有渐进性，可以分为四个阶段，分别为准备、收集资料、分析和总结。这四个阶段缺一不可，而且必须循序渐进。准备是市场调研的基础，在进行调研前，首先要明确调研的队伍、任务与方案，前期的准备工作是进入市场调研的决策、设计、筹划阶段。市场调研最重要的任务是收集资料，这个阶段投入较大，需要用系统、科学的方法调查对象的信息。作为分析的前提，收集资料需要将获取的资料和信息进行整理和分类后，再进行分析与整理市场资料工作，从而得出当下的主要任务。最后需要进行总结，总结调研工作并撰写报告，然后评估调研结果。

2. 产品生命周期的市场调查

在产品开发阶段，市场调查可以帮助企业发展新创意、开辟新产品，从内部、外部建立起产品创意库，同时可以全方位评价创意十足的产品，将有前途的创意形成及时的产品。

在产品引进期，媒体宣发、广告策略和内容的确定需要在客户需求的基础上进行调研，这样可以打开市场，使目标客户更容易接受。

在产品增长期，需要对竞争对手进行一定的了解，要调查竞争对手的销售渠道、产品、价格、优势和弱项，以更好地制定营销策略。

在产品成熟期，进行市场调查以改善营销策略、调整营销组合，从而提高市场竞争力。调查潜在竞争对手的替代品的现状和发展趋势可以了解面对的挑战信息，确定发展的最终策略。

在产品衰退期，产品的退市时机要掌握好，同时企业要进行市场调查来决定是否要设计新产品。

3. 产品、价格、渠道决策中的市场调查

企业只有对产品的品质、包装、造型、服务有全面的市场调查，才能够真正了解产品的特点与消费者的需求，从而更好地基于市场进行产品定位。

问卷调查是一种常用的价格调查方法，以发放问卷的形式来获取消费者的产品预期价格与目前价格的接受程度。另外一种常用的方法是让消费者从多个测试样品中进行选择，就是在市场上投放主要品牌的不同等级、不同价格的测试样品，观察消费者的品牌取向和价格趋向。

对销售渠道的调查需要将对产品与价格的调查与一些信息综合起来，增加中间商的因素，这些信息包括调查市场、调查产品自身、调查企业自身等诸多信息、调查消费者的购买行为。为了选择正确的营销渠道，需要对与中间商合作可能性、中间商能够提供的服务、费用等进行调查。如为了确定产品自身因素而调查产品的重量、质量、技术复杂程度与价格；为了确定市场因素而调查市场区域范围大小、顾客集中程度；为了确定购买因素而调查消费者的购买数量与购买频率；为了确定企业自身因素而调查市场经验与推销渠道管理能力。

4. 促销决策中的市场调查

作为营销中的重要环节，促销是企业达成营销目标的有效方法。不能够盲目地搞促销活动，因为促销需要大量的资金。促销具有多种多样的方式，如人员推销、广告、公共关系等。只有进行了市场调查，才能够进行有效的促销活动。明确把握消费者、市场、竞品、促销结果，以便营销决策者做出正确的促销决策。

市场调查可以为决策者制定科学的促销决策提供保障和依据。但是由于抽样误差与非抽样误差的存在，调查结果不可避免地会出现误差，所以调查并不是精确地提出决策方案，而是提供一定的信息供决策者参考。

三、选择目标市场

（一）市场细分

市场细分的方法多种多样，但每种市场细分都是有客观依据的，即消费者需求和购买行为的差异性。凡是构成消费者差异的因素都可以作为市场细分的标准。市场细分的一般标准包括地理因素、人文因素、心理因素和经济因素，还有用户需求特点，用户规模和用户的地理位置。应当根据市场细分的标准和客观依据制定正确的市场细分方法，通行的市场细分方法有以下四种：

1. 单一标准法

单一标准法的分类依据是市场主体的某一因素。服装按性别可分为男女装；按气候可分为春装、夏装、秋装、冬装；按年龄可分为童装、少年装、青年装、中年装、中老年装、老年装。当然按单一标准细分市场，并不排斥环境因素的影响作用，考虑到环境的作用更符合细分市场的科学性要求。企业可以对细分的市场进行分析评价，需要考虑如下几个因素：细分市场的规模和发展前景，细分市场结构的吸引力，公司的目标和资源。

举个例子，可以把洗发水市场细分为女性市场和男性市场。在对男性消费群体这一细分市场进行评价时，首先，考虑该市场的规模和发展前景，因为男性人口比例占总人口的一半以上，而且绝大多数的男性都使用洗发水产品，因而市场规模是可观的，企业可以尝试进入；其次，企业应该考虑该市场内竞争对手的威胁，就我国目前而言，专门针对男性的洗发水产品还比较少见，也少有知名的品牌。可以说这是一个市场空白，也可以说是一个很好的市场机会。

2. 主导因素排列法

主导因素排列法指的是一个细分市场的选择存在的因素时，从消费者的特征中寻找和确定主导因素，再与其他因素有机结合，确定细分的目标市场。

3. 综合标准法

综合标准法是根据影响消费者需求的两种以上的因素综合进行细分，综合标准法又称多变量因素组合法，它的核心是并列多因素分析，所涉及的各项因素无先后顺序和重要与否的区别。

4. 系列因素法

系列因素法主要是按照影响消费者需求的诸多因素与企业特点进行由少到多、由粗到细、由深入浅、由简至繁的市场细分。

（二）目标市场的选择标准

1. 有一定的规模和发展潜力

由于利益驱使，企业才会进入某一市场。企业应该慎重考虑进入萎缩、狭小的市场，因为在其中发展将变得无比艰难。一些市场的吸引力较强，因此很多企业趋之若鹜，这一点是不合理的，企业要尽量避免"多数谬误"，即多家企业在一个规模最大、吸引力最大的市场内竞争。多家企业在一个市场内过度竞争会浪费社会资源，也会忽略消费者本该满足的需求。在国内，一些中大型城市是企业发展的首选，而农村与乡镇被忽略，这一点需要企业及时转换心态和思维方式，尤其是经营不善的一些企业，可以在这些欠发达地区有"柳暗花明"的局面出现。

2. 细分市场结构的吸引力

细分市场的规模和发展特征可能比较理想，但是其未必对企业具有吸引力。波特认为同行业竞争者、潜在的新参加的竞争者、替代产品、购买者和供应商这五种力量可以决定市场长期的内在吸引力，它们具有五种威胁性。

（1）细分市场内激烈竞争的威胁

一个细分市场中的竞争者如果过于强大且竞争激烈，这个市场就会失去吸引力。另外，一个细分市场的生产力呈下降趋势、固定成本高，处于稳定甚至衰退阶段，那么竞争者投资很大，撤出市场壁垒会很高，其吸引力会变得更差。上述情况中，各个企业会竞相推出新产品，并且大打价格战与广告争夺战，因此企业会付出较大的代价。

（2）新竞争者的威胁

假如某一细分市场可能吸引增加新的生产能力和大量资源并争夺市场份额的新的竞争者，那么这个市场的吸引力就会下降。新的竞争者能否轻松进入这个细分市场是问题的关键。假如新的竞争者很难进入这一细分市场，而且进入后受到原有竞争公司的报复，那么这个细分市场不欢迎新的竞争者，他们很难进入。同样，市场越容易进入，则竞争对手的报复心理越弱，这样的细分市场对于新竞争者没有吸引力。可以发现，某一细分市场越难进入，那么其对于新竞争者的吸引力就越强。从行业利润的角度出发，最有吸引力的是进入较难、退出较易的细分市场，这样的市场不易进入，但是退出较为方便和简单。假如市场都很难进入和退出，那么这个市场的利润一定很好，同时企业在其中经营也会有一定的风险，经营不善的公司难以全身而退，必须坚持到底；假如市场都很容易进入和退出，公司可以从这个市场获得的报酬普遍不高，但是稳定；假如市场很容易进入，但是退出极难，会出现多家企业在大环境良好时进入，在经济萧条的情况下难以退出，会出现市场内各个企业产能过剩、收入降低的问题。

（3）替代产品的威胁

假如一个细分市场存在着替代产品或者有潜在替代产品，这个市场就会丧失一定的吸引力。替代产品会冲击市场价格与利润，企业要注意替代产品的价格走向。假如替代产品技术有所发展，那么在市场内的利润与收入就会下降。

（4）购买者讨价还价能力加强的威胁

假如购买者讨价还价能力正在增强或者已经很强，那么这个细分市场的吸引力就会变差。购买者讨价还价不仅会降低价格、提高要求，还会使各个商家出现竞争行为，从而使企业的收入降低。假如购买者比较集中或者有组织，或者由于购买者的利益较低而对价格敏感，或者该产品在购买者的成本中占较大比重，或者顾客的转换成本较低，或者顾客能够实行联合，或者产品无法实行差别化，那么购买者讨价还价能力就会增强。企业可以选择转换销售商或还价能力最弱的购买者来保护自己，提供顾客无法拒绝的优质产品是较好的防卫方法。

（5）供应商讨价还价能力加强的威胁

假如公司商品需要的原材料、设备供应商提升价格、降低供应数量，或者银行、工会等提供的服务质量下降，那么企业所在的细分市场会失去吸引力。假如供应商集中或有组织，或转换成本高，或者替代产品少，或者供应的产品是重要的投入要素，或者供应商可以向前实行联合，那么供应商的讨价还价能力较强。所以，与供应商建立良好的关系与开辟供应渠道是较好的防卫方法。

3. 符合企业目标和能力

一些细分市场如果不能帮助企业发展，甚至分散企业的精力，导致企业既定目标无法完成，那么企业就应该放弃这些细分市场。另外，企业的资源条件是否适合在某一细分市场经营也是需要额外考虑的条件。企业要想立于不败之地，前提是企业选择符合进入条件并且能够充分发挥自身优势的细分市场。

随着经济的发展，我国市场经济下出现了品牌战，也就是制造商品牌和经销商品牌之间的战斗。通常情况下，二者竞争是制造商与经销商间实力的竞争。如果制造商所占的市场份额较大且市场声誉良好，那么制造商和经销商之间的品牌多选用制造商；如果经销商具有完整的经销体系及品牌信誉，那么更适合使用经销商品牌进行销售。所以，要综合实际情况进行制造商与经销商的实力对比，在进行品牌使用决策。

（三）目标市场选择的实施

1. 市场数据的收集

全面而准确的顾客信息是必不可少的一项因素。顾客的基本情况以及关于顾客与企业发生商业活动（购买产品或服务）的历史数据是用以计算顾客价值的基本数据。因此，从发展的角度看，建立顾客信息数据库已经成为当代企业市场营销部门一项必须实施的工作。对于没有顾客数据库的企业来说，通过多种渠道收集顾客数据也是十分必要和有益的。这些渠道包括实施一定范围内的顾客访问与调查，一线服务人员的调查等。值得一提的是，现在越来越多的企业采用顾客信息外购来获取顾客信息。实际上，在发达国家，专门从事分行业客户信息调查和收集工作的咨询公司十分普遍，企业可以花钱购买这些咨询公司的一般数据库，也可委托这些咨询公司进行专项调查。

2. 顾客群的科学分类

对顾客的分类过程实际上就是市场细分化的过程。企业对于所收集的现实顾客和潜在顾客的信息和数据，依据一定的标准进行分类，并进行数据的处理。这种分类标准可以是一个单一的细分变量，如地理因素或人口统计因素中的收入等，也可以是一系列细分变量的一个组合。

选取适当的市场细分变量，主要需要企业发现对消费者做出购买决定起影响作用的变量等级。以购买汽车为例，许多消费者在购买时，首先决定向往的品牌，其次才是汽车的式样。如果大多数买主都是使用这种方法购买汽车，我们称它为品牌/式样市场。一个买主可能按照高性能、中型、四扇门和奔驰牌这样的次序做出购买选择，我们称它为需要/大小/式样/品牌市场。

3. 目标顾客的选择

在充分准确地了解顾客信息和科学的顾客群分类的基础上，企业可以通过顾客价值指标的定量核算，选择出三类核心顾客。在建立详细的顾客数据库的基础上，企业可以定量核算顾客忠诚度及忠诚顾客经济效果的指标体系，包括衡量细分顾客群体忠诚度的顾客保持率、顾客保持期、顾客流失率以及衡量顾客忠诚经济效果的顾客保持期利润分布、顾客净现值的计算。在对顾客进行市场细分的基础上，对每一个细分顾客群进行保持期、顾客保持率和顾客净现值的核算，并对每一项指标在不同的细分顾客群中进行比较，就很容易找出对企业来说最有价值的顾客群。

（四）市场定位的原则与方法

1. 定位的原则

由于不同产品所面向的客户不同，其竞争条件也不相同，所以市场定位原则也不尽相同。在这里总结一下大致的市场定位原则。

第一，根据具体的产品特点定位。

第二，根据特定的使用场合及用途定位。

第三，根据顾客得到的利益定位。

第四，根据使用者类型定位。

2.定位的方法

（1）区域定位

产品在进入市场之前，决策者需要对产品所要进入的市场区域进行确定，即该产品要在国际市场、国内市场还是地方市场销售。不同的产品其定位也不同，企业要想完成营销计划，找准产品的市场是十分必要的。

（2）阶层定位

社会上有许多不同的阶层，他们的消费水平与特点各不相同，企业需要考虑产品的受众属于哪个阶层。社会阶层划分的标准有很多种，举个例子，可以按照知识来对其进行划分，可分为高知阶层、中知阶层和低知阶层。阶层定位需要企业了解这一阶层的消费需求与特点，从而针对产品进行优化，来满足其消费要求。

（3）职业定位

企业需要考虑产品或者服务提供给什么样职业的人，这也就是职业定位。举个例子，将文体用具卖给学生、将农具卖给农民等。此外，还有一些不易被发现的职业定位，这些职业定位可以为企业带来丰厚的收益。所以，进行市场定位时需要善于发现隐形的职业定位，这样可以在竞争中取得领先，从而获得更高的收益。

（4）个性定位

个性定位是考虑把企业的产品如何销售给那些具有特殊个性的人。个性定位需要筛选出一批个性相同的人来作为定位目标，从而进行针对性的策略实施，以获得更高的收益。

（5）年龄定位

年龄是企业销售产品需要考虑的又一个问题。年龄段不同的消费者，其需求也自然不同，企业针对这一点进行策略的规划才能获取更高的收益。

四、制定产品策略

（一）品牌管理

1.品牌管理的步骤

品牌管理的环节十分重要，是一个系统、复杂、科学的过程。品牌管理需要注意以下几点：

（1）勾画出品牌的"精髓"

首先需要做的是将品牌可以用事实和数字勾画出的看得见，摸得着的人力、物力、财力找出来，其次基于目标来添加人力、物力、财力来充实品牌的精髓部分，包含有消费群体的信息、市场的状况、员工的构成、企业的结构、投资人和战略伙伴的关系、竞争格局等。

（2）掌握品牌的"核心"

了解品牌的文化背景、社会责任、消费者的心理因素和情绪因素，并将感性因素考虑在内，才能对品牌的核心有一个全面的认识。根据要实现的目标，重新定位品牌的核心，并将需要增加的感性因素罗列出来。

（3）寻找品牌的灵魂

通过勾画出品牌的"精髓"与掌握品牌的"核心"后，对品牌理性和感性因素进行评估，找出品牌的灵魂。

（4）品牌的培育、保护及长期爱护

如果没有良好的品牌关怀战略，那么品牌就无法成长。品牌的维护比品牌的形成难得多，一些企业由于不注重品牌管理，在将一些产品市场做大后，忽略客户的要求，同时服务变差，这样会流失一部分客户。这些客户不可避免地流入到竞争对手那里，这样会使之前塑造的品牌效应失效，同时也会浪费资金。可以看出，品牌维护是品牌管理的重中之重。

2. 品牌管理的要素

（1）建立卓越的信誉

信誉在社会中十分重要，作为品牌的基础，信誉是品牌成功的关键。企业需要提升管理水平与产品质量，放弃炒作，这样做才能生产出令客户满意的商品，从而建立起商品的信誉。

（2）争取广泛的支持

品牌只有在企业价值链上所有层面的全力支持下才能够维持下去，包括客户的支持、政府的支持、专家的支持、权威人士的支持、经销商的支持与消费者支持。名人效应有时也可以运用到增加商品信誉上。

（3）建立亲密的关系

在这个信息飞速传递的时代，客户的要求在不断地发生变化，因此，企业要为客户提供个性化的服务，这样才能建立长期的、紧密的联系，从而促使品牌长久地维持下去。

（二）包装管理

1.一般企业的包装质量管理

（1）产品包装质量管理的概念

产品包装质量指的是其包装能够满足商品的流通、消费的需要以及其他满足程度的属性。产品包装质量具有安全性、适用性、耐用性、经济性、可靠性等特点。物理、化学、生物、机械性能与外观、尺寸、种类、形状等都可以表示产品的包装质量。

产品包装质量管理指的是为提高产品的包装质量，运用管理功能来满足用户要求而建立的科学管理体系的活动。包装的质量标准和用户满意的程度是衡量包装质量的标尺。产品包装质量管理包括产品包装的设计过程，制造、辅助生产过程和用户使用过程的管理，同时还有包装材料质量管理与使用过程中问题的解决。

（2）产品包装质量管理的重要作用

产品包装质量在产品的销售中有着重要的作用，会对产品质量、产品流通、产品的价值有重要影响。加强产品包装质量管理，不断提高产品的包装质量，有助于更快地实现社会主义现代化。产品包装质量管理的提升既是提升经济效益的重要途径，同时也是社会主义生产目的的要求。产品包装涉及多个部门，如生产部门、使用部门、流通部门等，各个环节都需要重视起来，否则会出现各种问题。所以，建立较完备的包装质量监督网络与健全包装质量管理体系可以更好地进行产品包装质量管理。

2.工业企业产品的包装质量管理

工业企业产品的包装质量管理必须建立一套严格的包装质量管理体系。包装质量管理体系是根据产品包装质量保证的要求，通过必要的手段和方法，把企业各个部门、各个环节组织起来，明确规定它们在包装质量管理方面的职责和权限，使包装管理工作贯穿企业生产经营活动的全过程。一方面，可以把包装质量保证的具体工作落实到各有关部门进行管理，企业内部形成严密而有效的管理体系，从而在组织上保证产品的包装质量；另一方面，在统一领导下，互通情报，相互协作，共同保证和提高产品的包装质量，在企业生产经营活动的各阶段之间各环节之间进行质量信息反馈，包括"厂内反馈"和"厂外反馈"两个反馈在体系中循环不止，每经过一次循环，产品的包装质量就可能前进一步。为此，要落实以下主要措施：

第一，建立严格的质量责任制，规定企业的每一个部门、每一个职工对产品质量和产品包装质量的责任，明确分工，使质量工作事事有人专责，办事有标准，工作有检查，形成一套严密的包装质量管理责任系统。要严格按产品质量标准、包装标准和用户要求，进行产品的设计、生产和产品的包装。

第二，建立健全产品包装质量的检验制度。加强包装质量管理，必须设立专职检查机构，配备专职检验技术人员，建立一套严格的包装质量检验制度，同时规定包装质量检验人员的权利和职责范围，不合格的产品包装，坚决不准出厂。

第三，运用科学的质量控制统计方法。正确运用这种方法，可以从工序上控制产品包装质量，判断生产过程是否正常，及时发现消除造成产品包装质量不稳定的因素，预防产品不合格包装的产生，提高产品包装的合格率。而且，可以进一步探讨产品包装质量变异的原因，及时采取措施，加强控制，不断提高产品的包装质量。

3. 流通领域质量管理

消费者的利益会受到产品包装质量的直接影响，通常来说，质量差的产品包装在运输、流通中容易出现问题。所以，有关部门要重视产品包装质量的检验，抓好产品包装质量管理工作。不但要使产品包装以良好的状态进入消费过程，而且要保证产品包装可以给消费者良好的体验。

（1）实行质量监督

物资、商业部门在采购产品时，要把产品包装质量放在与产品质量相同的位置上，严格检测包装质量，对于包装不合格的产品进行拒收，促使生产方把好产品包装质量关。另外，购销双方在签订合同时需要明确包装条款，尤其是双方对产品包装的责任。

（2）加强包装货物的储存运输试验

物资、商业、交通运输与检验部门需要通过模拟试验来检测运输过程中的包装质量，检验方式包含堆码、滚动、振动、跌落、压力等。这种有效的检测手段可以测试包装质量的好坏，以便厂商对包装进行改进和优化。

（3）促进生产部门的包装改进

物资、商业、交通运输部门要听取消费者对于产品包装的意见，然后反馈到生产部门的包装生产过程中。同时还需要向生产部门推荐新型的包装技术。

（4）加强储存运输的质量管理

产品在流通过程中，运输人员不能够暴力运输，要做好装卸工作，进行文明装卸，同时货物堆砌不能超过上限。另外，产品的拼装和分装工作需要注意，对已浸水、散架、破裂、散捆的产品包装，需要进行更换或者加固，来保障产品的正常流通。

（三）产品策略组合

1. 产品策略组合及其相关概念

产品组合就是企业的经营结构与经营范围，是企业供向市场的所有产品线与项目的组合。产品线指的是相似的或关联的一组产品，产品线可以根据价格范围、功能、消费上的连带性、相同的目标顾客、销售渠道来划分。产品的项目指的是市场营销产品策略线（大类）中各种不同品种、质量、档次、价格的特定产品。

2. 产品策略组合决策的内容

产品组合决策要从产品组合的长度、宽度、深度和相关性几方面来决定。产品组合的宽度是指企业产品大类的多少，随着产品线的增多而增加。产品组合的深度指的是企业的产品提供的规格的多少。产品组合的相关性指的是产品的生产、销售、使用等方面的相关程度。

对于营销决策来说，市场营销产品策略组合有着重要的作用。

第一，可以使产品组合的宽度增加，从而使产品线增加，进而使产品受众客户增多，发挥自身的优势，提升企业的效益。

第二，可以使产品组合的深度增加，满足更多的客户，从而吸引人们来进行消费。

第三，可以使产品组合的相关性增强，产品组合相关性越强，企业在多数情况下越容易在竞争中获得领先，从而取得一定的声誉。

产品组合决策，就是企业对产品组合的广度、长度、深度和相关性等方面的决策。

（四）企业定价策略

1. 阶段价格策略

阶段价格策略是产品价格策略的重要环节，因为企业要为了保持商品的竞争力并且获得最佳的利润，要结合市场生命周期不同阶段与特点而制定不同阶段的不同销售价格。一个产品在市场上的生命力是有周期的，这个周期就是产品从投放到淘汰的过程，可以分为介绍期、成长期、成熟期和衰退期。在不同的时期，市场生命周期阶段有不同的特点与使用对策。

（1）介绍期

作为新产品迈入市场的第一个阶段，介绍期的产品相较于旧产品的优势明显，同时也存在一些劣势，如生产数量少，单位成本比旧产品高；新产品的特点没有被消费者了解，导致商品销量低；这个时期新产品需要花费宣传费用来宣传商品。所以，这一阶段常用的策略有满意价格策略、渗透价格策略、撇脂定价策略等。

（2）成长期

经过介绍期后，产品知名度往往会增强不少，此时产品的销量也会有不小的提升。到了成长期，此时产品的质量稳步提升，同时产品的单位成本会有所降低，产品面对其他竞品的优势较为明显。所以，这一阶段常用的策略为目标价格策略、略有提高的价格策略等。

（3）成熟期

第三个阶段为成熟期，这个时期随着市场的需求逐渐饱和，产品的需求也逐渐降低，产品渐渐失去优势，市场竞争越发激烈。面对这种情况，竞争价格策略是企业首先要考虑的策略。竞争价格策略指的是在竞争中，企业为了维持自身的地位而进行降价，从而增强自身的竞争力。采取竞争价格策略，可以维持商品的质量和服务，从而有效打击竞争者，保持产品的销量。

（4）衰退期

作为最后一个阶段，衰退期的产品完成了角色转换，由之前阶段的新产品变为老产品。这时消费者会向之前的阶段一样更加倾向新产品，这会导致产品的销量下降，利润减少，有被取代的风险。所以，这一阶段常用的策略为维持价格策略、驱逐价格策略。但是无论使用何种策略，都只能延缓这一阶段而使企业的损失减小，不能逆转这一阶段。

2. 折扣价格策略

企业为了产品的销量，基于销售实践、方式、条件和数量，对消费者做出价格上的让步，这种策略称为折扣价格策略。批量折扣价格策略、季节折扣价格策略、付款折扣价格策略、功能折扣价格策略是常见的价格策略。

（1）批量折扣价格策略

这种策略又称为数量折扣价格策略，指的是顾客在购买数量巨大的产品时，企业给予一定的折扣。批量折扣价格策略可以帮助企业资金回流加快，并且可以降低利息与产品相关费用。按计量时间可将批量折扣价格策略分为两种形式，分别为累计数量折扣价格策略、非累计数量价格策略。累计数量折扣价格策略指的是顾客在规定时间内购买达到一定数量或者金额所给的折扣，也可称为回顾折扣，这种策略可以促进买卖双方建立长久的合作关系，从而降低交易风险，但是累计数量折扣价格策略也有一定的局限性，那就是其只适用单位价值小、不易一次大批量进货的产品。非累计数量折扣价格策略是对顾客一次性购买的超过规定数量与金额所给予的优惠，也可以称作一次性数量折扣。非累计数量折扣价格策略针对的是购买数量巨大的顾客，买的越多，折扣越大。该策略有助于促进产品的销售，提升销售额。

综上所述，批量折扣价格的确定需要考虑正确划分批量折扣的档次、合理确定实行批量折扣的起点、合理确定各档次的批量折扣率等问题。

（2）季节折扣价格策略

这一策略指的是企业可以将季节性产品进行给予折扣的反季销售。季节折扣价格策略有助于均衡企业的生产与销售。采用此策略需要注意折扣的时间与折扣的幅度。季节折扣价格策略的实施需要企业以效益为中心。

（3）付款折扣价格策略

这一策略指的是对于顾客在一定期限内以现金支付的方式付清货款，企业给予一定的折扣优惠，因此，又称为现金折扣策略。使用这一策略有助于顾客早日结清账款，从而帮助企业实现资金回流，可以减少信用风险和催收过期账款。

（4）功能折扣价格策略

这一策略指的是生产企业对经销该企业产品的各类流通企业所给予的价格折扣，又称为交易折扣价格策略。功能折扣价格策略的本质就是补偿各类流通企业在流通渠道中完成的销售功能。通常情况下，生产企业给予批发企业的功能折扣应大于给予零售商的功能折扣。所以生产企业在制定功能折扣价格策略时，需要结合实际进行，从而实现定价策略。

3. 心理价格策略

企业根据消费者的心理特点来制定价格的策略就是心理价格策略。企业定价需要参考消费者的心理，从心理学的角度研究消费者心理，包括价格波动影响的购买行为、心理动态等，以便更好地制定针对消费者心理的价格策略。整数与非整数价格策略、声望价格策略、招徕价格策略、习惯价格策略、安全价格策略是常见的心理价格策略。

（1）整数与非整数价格策略

整数与非整数价格策略是较为常见的心理价格策略，这一策略可以促进消费者基于他们对数量的感知而进行消费。整数价格策略针对的一般都是高端产品，将价格定位整百、整千等没有零头尾数的价格，可以满足顾客的炫耀心理，给人一种高档次消费的感觉。而非整数价格策略针对的则是一些中低端产品与日常生活用品，对这些商品采取有零有整的价格定位可以让人们认为该商品定价准确，同时商品又物美价廉。非整数价格策略在国际上较为常见，但是其中零数的设置，各国都不尽相同。举个例子，美国一半多将尾数设为奇数，以9居多，而中国香港、日本等地区多将尾数设为偶数，以8居多。

（2）声望价格策略

这一策略通常将产品的价格定位高于同类的其他产品，因为这一产品的声誉较好，声望较高，企业利用这一点便可以进行这一定价策略。需要注意的是，定价时不宜与其他普通产品差距过大，否则消费者不会买账，同时产品的质量与服务是企业需要向消费者保证的，只有这样，才能够维持企业的信誉。

（3）招徕价格策略

这一策略指的是企业将产品价格订一个较低的水平，来让消费者购买。我们常说的特价商品就属于这一策略。特价商品一般都是有吸引力的产品，可以吸引消费者的注意力，在二者的加持下，消费者就会进入店中进行消费，而店中并不只有特价商品，消费者看到其他商品时，如果碰到自己喜欢的，很大概率会买单。

（4）习惯价格策略

这一价格策略主要依据的是消费者的购买习惯，针对的都是日常生活用品。企业采用这一价格策略制定价格时，需要保障产品价格的稳定，减少由于价格波动而导致的顾客需求改变。采用这种价格策略还需要注意产品的外形，常用的策略有：减少重量或数量的做法，以提升利润；换包装或品牌；用较便宜的原材料代替较贵重的原材料。采用上述策略需要注意的前提是产品的使用价值没有明显变化。

（5）安全价格策略

消费者在消费大件商品或者贵重商品时，常常会对产品的质量与售后产生一定的顾虑，如商品质量、运输过程、售后服务等，如果企业能够针对这些问题给出满意的答案，那么消费者就会消除顾虑。企业需要采取安全价格策略以消除消费者的不安全心理障碍，增强其购物安全感，同时增强消费者的购买欲望。所以，企业定价需要综合考虑商品的售后服务，如送货上门、维修与保修延期等，这样可以使顾客放心购买，从而增加产品的销量。

4. 地理、地区价格策略

这一价格策略指的是企业根据消费者地理位置的不同而制定的价格策略，是为了扩大市场，提升销量，增加利润。市场开发的地理价格策略、运费补偿的地理价格策略与地区性价格策略是常见的地理、地区价格策略。

（1）市场开发的地理价格策略

市场开发的地理价格策略指的是企业为了扩大市场而对不同地区的消费者采取价格差异。不同地区的具体情况各不相同，如竞品、市场背景等，企业想要开辟一个新的市场，就需要对该市场进行调研，从而针对不同地区制定不同的价格策略。市场开发的地理价格策略较为灵活，可以根据经营目标进行改善。

（2）运费补偿的地理价格策略

运费补偿的地理价格策略指的是对销往异地的产品而制定的价格补偿的策略。这一策略需要具体分析异地消费者购买的产品的运费与奉献。企业为了促进异地消费者购买，一般会给予其一定的价格优惠。常见的运费补偿的地理价格策略有：统一送货价格、分区价格、运费补贴等方式。

（3）地区性价格策略

地区性价格策略是企业针对不同的地区确定相同价格还是不同价格，即企业要决定是否制定地区差异价格。统一交货价格、FOB 价格、分区价格策略都是常见的地区性价格策略。

5.组合商品的价格策略

这一策略指的是将有关联的商品捆绑在一起售卖，一般来说，与一个产品具有相关性的产品有很多种，企业可以将其进行组合，从而制订不同的价格，组合起来的价格必然是会低于二者加起来的价格，因此会吸引一些消费者进行购买，可以增加消费量。互补品的价格策略、产品线价格策略、连带使用的商品组合价格策略都是常见的组合商品的价格策略，企业在定价时要合理运用这三种策略，促使完成销售额，提升企业利润。

（五）产品分销策略

1.分销渠道的职能与分类

（1）分销渠道的职能

分销渠道只为了消除产品、服务与消费者间的分离，是对产品从生产者转移到消费者所必须完成的工作组织。其职能如下：

①调研

收集制订计划和进行交换所必需的信息。

②促销

进行关于所供产品的说服性沟通。

③接洽

寻找潜在购买者并与其进行有效的沟通。

④配合

使所供产品符合购买者需要，包括制造、分等、装配、包装等活动。

⑤谈判

为了转移所供货物的所有权，就其价格及有关条件达成最后协议。

⑥物流

从事产品的运输、储存、配送。

⑦融资

为补偿分销成本而取得并支付相应资金。

⑧风险承担

承担与渠道工作有关的全部风险。

（2）分销渠道的层次

可根据渠道层次来对分销渠道进行分类。产品从生产者转到消费者的所有有过产品所有权的或者有销售责任的企业或机构都是渠道层次。生产者与消费者被列入每个渠道中是因为二者都参与了将产品及所有权转移到消费地点的工作。而渠道的长度是由中间机构的层次数目来决定的。

①零层渠道

零层渠道又被称为直接分销渠道，指的是产品从生产企业直接销售给消费者，直接分销渠道通常针对的是产业用品。原因如下：首先，产业用品针对的是有特殊需求的用户，且技术性较高，厂家要由专业人员指导用户进行安装、使用和维修；其次，产业用品的目标客户一般较少，一些行业工厂通常都会汇集在某一些地区，他们往往需要较多的产品。

同时一些普遍的消费品也使用零层渠道进行分销，如农民直销自己生产的农产品；一些大的制造商开设自己的店铺来直销产品；还有就是生产企业通过电视或者电话、网络来直销自己的产品。而因为消费者较为分散且购买数量较小，所以很多生产企业不能将其产品直接销售给广大消费者。

②一层渠道

一层渠道的生产企业与消费者之间只有一个销售中介。在产业市场中，销售中介可能是代理商或佣金商；在消费者市场中，这个角色是零售商。

③二层渠道

二层渠道的生产企业与消费者之间有两个销售中介。在产业市场中，销售中介可能是代理商或批发商；在消费者市场中，这个角色是零售商和批发商。

④三层渠道

三层渠道的生产企业与消费者之间有三个销售中介。包装类产品与肉类食品常使用这种渠道进行分销。通常一个批发商处于在这类行业中的生产企业和零售商之间，这是因为零售商无法直接从批发商处拿货，这个专业批发商从生产企业中进货，再销售给零售商。

三层渠道以上的分销渠道不常见，因为问题会随着分销渠道的增多而增多。

（3）分销渠道的宽度

分销渠道的宽度与企业的分销策略密切相关，指的是渠道的每个层次使用同种类型中间商数目的多少。密集分销、选择分销和独家分销是常见的三种企业分销策略。

生产企业向多家负责任的、合适的批发商和零售商推销产品，就是密集分销。产业用品中的供应品与消费品中的便利品常采用密集分销的方式，这样可以使消费者更普遍地买到商品、享受到服务。

选择分销指的是生产企业选择性地进行推销产品，针对一些负责任、有实力的经销商进行。这一分销模式可以销售任何产品，最适宜的商品是特殊品与选购品。

独家分销指的是仅仅选择一家批发商或零售商进行推销，二者要签订合同来保证权益。这样可以促进商品销量的提升，增强经营的积极性。

2. 传统渠道与整合渠道系统

渠道成员指的是构成分销渠道的不同环节的企业和个人。分销渠道按渠道成员结合的紧密程度可分为如下两类：

（1）传统渠道系统

由各自独立的生产者、批发商、零售商与消费者组成的分销渠道为传统渠道系统，这些成员都是独立的，成员之间没有紧密联系，系统结构松散，传统渠道系统随着市场的变化面临着艰巨挑战。

（2）整合渠道系统

渠道成员通过一体化整合形成的分销渠道系统是整合渠道系统，包括垂直渠道系统、水平渠道系统与多渠道系统。

①垂直渠道系统

垂直渠道系统由生产者、批发商和零售商纵向整合组成，其成员或属于同一家公司，或为专卖特许权授予成员，或为有足够控制能力的企业。该系统有以下三种主要形式：

公司式。由一家公司拥有和管理若干工厂、批发机构和零售机构，控制渠道的若干层次，甚至整个分销渠道，综合经营生产、批发和零售业务。公司式垂直渠道系统又分为两类：一类是由大工业公司拥有和管理的，采取一体化经营方式；一类是由大型零售公司拥有和管理的，采取工商一体化方式。

管理式。通过渠道中某个有实力的成员来协调整个产销通路的渠道系统。如名牌产品制造商以其品牌、规模和管理经验优势出面协调批发商、零售商经营业务和政策，采取一致的行动。

合同式。不同层次的独立的制造商和中间商，以合同为基础建立的联合渠道系统。如批发商组织的资源连锁系统、零售商合作系统、特许零售系统等。

②水平渠道系统

水平渠道系统是由两家或两家以上的公司横向联合，共同开拓新的营销机会的分销渠道系统。这些公司或因资本、人力、生产技术、营销资源不足，无力单独开发市场机会，或因惧怕承担风险，或因与其他公司联合可实现最佳协同效益而组成共生联合的渠道系统。

③多渠道系统

对同一个或不同的细分市场，采用多条渠道的分销体系。大致有两种形式：一种是制造商通过两条以上的竞争性分销渠道销售同一商标的产品，另一种是制造商通过多条分销渠道销售不同商标的差异性产品。此外，还有一些公司根据同一产品在销售过程中的服务内容与方式的差异，通过多条渠道销售以满足不同顾客的需求。多渠道系统为制造商提供了三方面利益：扩大产品的市场覆盖面，降低渠道成本和更好地适应顾客要求。然而，该系统也容易造成渠道之间的冲突，给渠道控制和管理工作带来更大难度。

3. 渠道成员的选择、激励与评估

（1）渠道成员的选择

制造商要选择优秀的中间商。在选择中间商时，需要考虑其是否有助于实现产品销售目标，是否可以正确进入目标市场，生产企业同时还要综合评测中间商的信誉、经营时间、口碑等，可以对优质经销商引入独家经销的策略。只有选择了合格的中间商，生产企业才能够实现营销目标。

（2）渠道成员的激励

中间商是制造商的合作伙伴，是独立的。尽管制造商和中间商签订的合同里已经规定了中间商的责任和义务，但制造商还需要不断地采取必要的措施，监督与激励渠道成员，促使其做好工作。激励中间商的方法主要有以下几种：

①向中间商提供质优价廉、适销对路的产品

生产企业为中间商提供的物美价廉的产品是对其最好的激励。中间商可以为生产企业创造进入市场的良好机遇，这需要企业具有先进的生产技术，以较低的成本生产出质量良好的产品。

②向中间商合理授权和分配利润

中间商的利益也是生产企业定价需要考虑的内容，需要根据具体情况来进行改善。利润高了中间商才会有销售的积极性，若是利润很低甚至亏损，那么中间商断然不会倾向销售这些产品。可以通过考察中间商的实力、信誉、管理等方面来对其进行价格优惠和让利，这样可以增强中间商的积极性，如授予独家经销权或者其他一些特许权。对于已经授予独家经销权的经销商，可以提供较大的优惠活动。

③协调与中间商的关系

中间商与生产企业只有协调好彼此之间的关系，才能够建立长期的合作。生产企业需要了解中间商的需要与经营目标，有时可以做出一些让步以鼓励中间商。中间商与生产企业要精诚合作，可以共同进行销售目标、生产产品数量、存货状态、广告宣传等的规划。中间商是渠道系统的重要组成部分，其与生产企业的关系只有稳固下来才能够更好地进行合作。

④反馈信息

作为市场营销的重要依据，市场信息需要被生产企业及时传达给渠道成员。这样有助于管理产品销售，制定销售策略。

（3）渠道成员的评估

生产企业对于渠道成员的评估可以从多个角度出发，如渠道成员的顾客满意度、信誉、竞争能力、销售水平、订货与存货水平、渠道创新能力、对企业促销及营销方案的合作等。综合评估结果较差的渠道成员，要考虑造成的原因及补救方法。一些渠道成员若是放弃，那么会对生产企业带来不小的负面影响，所以需要企业做出一定的让步。如果对该中间商的合作存在其他更为有利方案时，生产者需要对中间商提出新的要求，否则就可以将其剔除或者更换。

4. 影响分销渠道选择的因素

分销渠道是多个渠道成员相互影响、相互选择的结果。生产企业要基于自身的目标、原则与条件来进行分销渠道抉择。分销渠道的决策在企业规模不大时，面对有限的、狭窄的当地经销商可能问题不大。但是当公司规模扩大时，想要开辟新市场，那么分销渠道的决策与渠道伙伴的选择会成为一大难题。

生产企业选择分销渠道的制约因素有产品因素、市场因素、企业自身因素、经济形势及有关法规等。

（1）产品因素

① 产品的理化性质

对于一些体积较大的商品，如木材、水泥构件、大型设备等需要减少中间运输环节，采取直销的渠道。对于一些危险品与易腐蚀品，同样也需要避免运输过程太过复杂，可以采用专用渠道或者行程较短的渠道。

② 产品单价

对于单价较低的产品，可以采用较长、较宽的分销渠道。对于单价较高、较为昂贵的产品，需要减少中间运输环节，可以采用直接渠道或者行程较短的渠道。

③ 产品式样

一些有着明确标准和规格的产品，可以采用较长、较宽的分销渠道。式样较多的产品，如服装、家具等，可以采用行程较短的渠道。对于一些特殊式样的非标准品，由企业销售部门直销。

④ 产品技术的复杂程度

对于技术复杂的产品，可以采用直接渠道或者行程较短的渠道。因为用户不仅需要产品本身，还需要厂家对其进行安装、调试及提供一些售后服务。

（2）市场因素

① 目标市场范围

分销渠道随着市场范围的增大而增大。

② 顾客的集中程度

顾客的集中程度也影响着分销的方式。顾客越集中，越需要采取直接渠道或者行程较短的渠道；相反，顾客越分散，则越需要采用较长、较宽的分销渠道。

③消费者购买习惯

消费者的购买习惯包括消费者购买的数量、地点、方式、便利程度等，这些都会影响分销渠道。

④销售的季节性

对于一些季节性较强的产品，需要采用较长、较宽的分销渠道。这需要中间商来发挥其调节作用，以均衡生产企业的生产情况，不失销售时机。

⑤竞争状况

与竞争者的同类产品相比，其分销渠道也应该相似。但是当竞争十分激烈时，就需要改变策略，寻求有独到之处的销售渠道。

（3）企业自身因素

①企业的财力、信誉

实力较强的生产企业可以选择中间商来固定为自己服务，甚至可以自己建立控制分销系统，采用直接渠道或者行程较短的渠道。但是实力弱的生产企业就要受制于经销商。

②企业的管理能力

管理能力较强的企业可以采用行程较短的渠道或者组合渠道。

③企业控制渠道的愿望

不同的生产企业之间对于控制渠道的愿望是不同的，一些生产企业并不想控制分销渠道，基于成本因素会选择较长、较宽的分销渠道。而一些生产企业控制渠道的愿望强烈，就算再次花费较高的金钱也要建立短而宽的渠道。

（4）经济形势及有关法规

①经济形势

经济形势较好时，生产企业可以选择的分销渠道多；在经济不景气时，生产企业为了保持利润就会选择短的渠道。

②有关法规

国家的有关法规会影响企业分销渠道的选择，如反垄断法规、税法、专卖制度等。一些行业，如烟草、医药等的渠道选择会受到很大影响。

5. 分销渠道决策过程

企业需要在理想的选择渠道与实际的选择渠道之间做出决策。这一决策过程需要经过如下几个阶段：

（1）分析目标市场消费者对渠道服务提出的要求

要分析消费者的需求、购买方式、购买地点等，分析消费者的这些购买特点对分销渠道服务水准的要求，表现为一次购买批量的大小，消费者购买商品的方便程度，交货时间的长短，商家提供的产品组合的多样性。生产企业设计渠道一方面要考虑消费者的产品与服务期望，另一方面要考虑渠道的能力与费用。

（2）确定渠道目标和限制条件

在企业营销目标的总体要求下，其选择的分销渠道应该达到的服务产出目标，这就是渠道目标。渠道目标要求分销渠道的服务水平与总体营销水平相同，另外，渠道费用要有一个合理的规划。基于消费者的需求，企业可以细分市场，然后再选择合适的细分市场进行服务，并选择最佳渠道。

通常来说，生产企业渠道目标的选择会受到分销渠道选择的因素影响，即根据产品因素、中间商的优缺点以及宏观经济形势来设定渠道框架和目标。

（3）制订可供选择的渠道方案

目标市场与期望的服务目标确定之后，渠道方案需要被确定。渠道方案的选择受到中间商类型、中间商的数量和渠道成员的参与条件及责任三个因素的影响。

①中间商类型

生产企业要确定可以完成渠道任务的中间商类型。生产企业可以借鉴一些同行的先进经验，再基于目前市场中的情况设计符合自身情况的分销渠道方案。如果生产企业进行直销获得的利润更大，那么可以设计直销渠道或者直复营销渠道。同理，当生产企业找不到合适的中间商时，同样可以自行设计。随着科技的发展与商业渠道费用的降低，直销的发展前景良好。不仅是在工业品市场上，一些消费品也在大量地使用直销的方式。但目前主流的营销渠道仍然是间接渠道，企业在多数情况下需要与中间商合作，从而克服一些时间与空间等信息的差异，使产品更好地进行销售。所以，一个适合生产企业的中间商类型是十分必要的。

②中间商的数量

每一渠道层次利用中间商的数量是生产企业需要决定的。中间商数量形成的分销渠道的宽度类型则由此进行选择，可选密集式分销、选择性分销或独家经销。

通常情况下，日常用品与通用工业产品生产企业会采取密集式分销；希望以某些承诺来吸引经销商的新企业与信誉、实力良好的企业多采取选择性分销；大型电子产品、汽车等有特色品牌的产品多选用独家经销。

③渠道成员的参与条件及责任

渠道成员的参与条件与应负责任需要生产企业来确定。这些条件和责任在分销渠道中包括中间商的权利、价格政策、销售条件、要承担的责任等。

（4）评估主要渠道方案

在评估主要渠道方案时，需要从初拟的几种方案中选出符合企业发展的最优解。评估方案具体分为以下几个方面：

①经济性标准评估

这一方面评估的是各个渠道方案能够到来的销售额及费用问题。

对于销售额的问题，举个例子，一个公司在考虑渠道方案时，一是本公司进行直销，二是通过经销商进行销售，公司会选择能够带来较多利润的渠道方案。通常情况下，生产企业的人员会选择本公司销售人员直销的方案，因为这些人员熟悉产品、积极性高，另外与生产企业直接交易价格也比经销商低，顾客更愿意与厂家直接对接。而选择中间商也有其好处，因为中间商的销售人员一般较多，在销售积极性相同的基础上拥有更多的人脉与渠道。

对于费用问题，在产品的初期阶段，中间商向生产企业收取的费用通常会比公司设立销售机构的费用低。而随着销售额的增加，中间商向生产企业收取的费用会逐渐增高，高过生产企业设立销售机构的成本。

②可控性标准评估

选择独立的中间商，则其可控程度可能较低，渠道长度也会随之变长，生产企业对渠道的控制能力可能变差，因此需要进行多方面的综合分析。

③承担一定的义务

如果市场环境发生变化，这些承诺将降低制造商的适应能力。为此，应考察企业在每一种渠道方案中承担义务与经营灵活性之间的关系，包括承担义务的程度和期限。对一种涉及长期（如5年）承担义务的渠道的选择，只有在经济或控制方面有非常优越的条件时，才能予以考虑。

第三章　大数据对市场营销的影响

本章为大数据对市场营销的影响，共分为两节。第一节为大数据营销的发展演变，主要介绍大数据营销十几年来的发展、机遇、趋势等；第二节介绍大数据时代的营销策略。

第一节　大数据营销的发展演变

自 2012 年开始，"大数据"仿佛一夜间成为国内热门的关键词。和大数据紧密关联的"大数据营销"也在瞬间走红，成了企业追捧的营销关键词。

从 20 世纪开始，围绕消费者数据的营销研究就已经开展，如"直复营销""数据库营销"等，有学者认为直复营销是数据营销的起源。早在 19 世纪 80 年代，西尔斯百货通过直复营销模式（目录采购＋货到付款），迅速占领了地广人稀的美国市场。而进入 20 世纪 90 年代，随着电话营销的兴起，直复营销逐渐被数据库营销取代。在银行、IT、保险等行业，几乎每个企业都建立了庞大的呼叫中心，通过呼叫中心这种简单、廉价的方式为用户提供"营销—销售—售后"一系列服务。学者和企业开始意识到通过消费者数据分析能够提供更加精准的营销，从而节省费用，提高效率。但无论是从数据可用规模和类型，还是从数据分析工具可以达到的深度和范围，以及营销应用的平台和领域，那个时代的营销还不能称得上是真正意义上的大数据营销。学者虽然把数据驱动的营销发展潜力纳入研究范围，但主要还是停留在概念层面。然而情况从 2000 年开始发生了变化。

理解大数据营销近十几年的发展，应当从数字营销、社交媒体营销和移动营销三大领域开始。

一、数字营销

数字营销从广义上来看，指的是一种借助计算机通信技术、互联网技术与数字交互媒体实现营销目标的营销方式。数字营销会利用先进的技术，高效、低成本地开辟新的消费市场，挖掘新的消费者。从狭义上来看，本书认为数字营销是一种工具化的网络、数据及智能化营销。狭义上的数字营销的发展可分为以下四个阶段：

（一）第一阶段：2000—2004 年

随着互联网的普及，商品信息量急剧增加，一方面，消费者拥有了海量的信息和便捷的搜索工具；另一方面，也给消费者带来了搜索成本增加和选择难度加大的问题。数字营销在这一阶段研究的重点之一在于作为搜索与决策支持工具的网络，已经开始了预测消费者偏好的初探。虽然学者们认为互联网是一种用来获取消费者看法和促进销售的手段，但营销人员仍对依靠数字化工具所收集的数据持怀疑态度。

（二）第二阶段：2005—2010 年

互联网可以帮助优化消费者做的各种事情，这也是后来智能营销研究主题的重要初始研究。在第二阶段，研究者开始对各类互联网的参与者的联系进行研究。研究发现，卖家联系越密切，客户在卖家之间的店铺就可以越自如地浏览，那么市场的情况就会变好；反之，假如客户在卖家之间不能够自如地浏览，这会导致客户的流失。

（三）第三阶段：2011—2014 年

在这一阶段，互联网全面进入社交媒体时代。因此，对于绝大多数研究大数据营销的学者来说，都把研究的重点放在了社交媒体营销领域。在实践中，越来越多的企业把社交媒体渠道作为收集市场情报的手段。尽管用户原创内容可以被营销人员用作跟踪用户行为，很多企业仍然不知道如何将从社交媒体用户那里收集的数据转化为可行性手段。尽管智能手机会产生大量的数据，但这并不意味着企业能将收集到的重要数据进行适当的分析，并根据分析结果制定激励方案。此时，营销从业人员在这方面的关注度并没有达到应有的程度。

（四）第四阶段：2015 年以来

在这一阶段，数字营销研究比之前丰富了许多。一些学者使用新的分析方法重新研究了搜索广告。例如，先前的研究考虑了搜索顺序的重要性：一些研究认为搜索靠前的广告通常更容易，而一些学者认为排序与点击量无关；部分学者的研究展现了在对数据分析工具的改善上。

"搜索"这一研究主题仍然是当前的主流研究，用户可以通过搜索获取营销信息，营销人员可以分析用户的搜索词汇来判断用户的喜好，从而改善原来的营销手段。

二、社交媒体营销

进入 21 世纪以来，社交媒体营销领域的研究和实践都在围绕着人们在社交媒体上的行为以及企业如何利用社交媒体推广品牌和促进销售进行。其中，在该研究领域的关键词是在线口碑营销。随着网络的发展和普及以及在线社区的不断发展，对于这一主题的研究内容和方法也在不断变化，同时衍生出新的研究主题，如用户原创内容、内容营销等。而业界也在不断提高对社交媒体的投入，改变传统的营销方式以适应不断变化着的消费者。以下将展示这一领域的研究实践和发展：

（一）第一阶段：2000—2004 年

在这一阶段，用户使用互联网与他人发生联系，研究者将用户看作信息受众或信息源。但是有研究认为，在线体验会增强消费者的闲暇生活，这个研究主题在随后也一直是研究的热点之一。

（二）第二阶段：2005—2010 年

社交媒体在这一阶段发生了巨大变化，由于互联网走进了千家万户，所以其作为在线讨论和信息存储的作用变大了。用户在这一时期的原创内容变得越来越多。需要注意的是，这一阶段社交媒体从非主流变为主流，众多的社交网站开始形成并且不断竞争。上述各种情况的出现使消费者不但是社交网络的使用者，还是以社交网络与在线口碑为方式的社交媒体营销的推动者。

营销实践在这一阶段与网络论坛相结合。网络论坛可以吸引更多长期客户，产品的质量好，那么其在论坛就会有比较好的口碑，这会促进产品销量的提升，尤其是电商平台允许客户在购买后进行评价，这种影响特别显著。相较于传统营销可以较快地吸引客户，在线口碑更有利于产品的长期发展。

在这个阶段，公司的营销人员对于如何应用社交媒体进行营销没有确定的方案。相对来说，此时营销人员的首要任务是优化搜索引擎。

（三）第三阶段：2011—2014 年

此阶段最大的特征就是互联网全面进入社交媒体时代。许多新的社交平台在这个时期出现，它们往往致力于用户生活的其他方面。因此，用户在被市场影响的同时也在积极塑造新的市场，许多消费者的生活都存在"永远在线"和"即时连接"的情况，特别是在智能手机普及之后。社交媒体使用户随时成为某一品牌的广告客户、传播者和消费者。

这个阶段，消费者不仅仅是在线口碑营销流的贡献者，还可以放大或破坏营销行为。在理论上，利用消费者个人在社交媒体上提供的个人信息和行为信息，至少可以在社交平台上做大规模在线口碑营销、病毒式营销和针对目标群体的数字广告营销。消费者的在线活动和内容生成本身成为营销人员的工具。与传统媒体（如在传统报纸官方网站评论）相比，社交媒体对销售的影响更大。

（四）第四阶段：2015 年以来

由于社交媒体营销的兴起，已经有人开始研究社交平台中企业生成的商业化内容，这些通常被称为"内容营销"，现在被用作补充甚至替代了传统广告。在这一点上，营销从业者已经找到了更直接地引导消费者群体行动的方法。

三、移动营销

（一）移动营销的特征

移动营销具有分众识别（Individual Identification）、即时信息（Instant Message）、互动沟通（Interactive Communication）和我的个性化（I）四个特征，可以将它们概括为"4I"。

（1）分众识别

人们使用移动互联网的目的各不相同，而且偏好也不尽相同，所以企业要对用户移动互联网的使用进行评价，而且要基于用户的购买偏好、兴趣及忠诚度来提供定制的服务。

（2）即时信息

相对于电脑来说，手机等移动设备的优势明显，如便利、高效等。企业营销人员可以利用手机的这些特点来对用户进行定向信息推送与服务。

（3）互动沟通

传统媒体缺乏与消费者的沟通，只提供了单向的传播渠道。移动营销则解决了这个问题，其与消费者的互动是双向性的。在当下的移动环境中，互动需要考虑的是与个人更个性化的沟通、与更多资源的连接与娱乐性。通常来说，与顾客的沟通效果随着移动营销的感知互动性的增强而增强。

（4）我的个性化

个性化、私人化、功能复合化和时尚化是移动设备的特征。移动服务、移动营销有助于消费者不受时间、空间限制的访问，同时还为用户提供个性化的定制服务。在这个科技日新月异的时代，人们对个性化的需求比以往更加强烈。

（二）移动营销与传统营销的区别

相对于传统营销，移动营销可以精确地定位目标用户，同时还可以利用消费者数据库来评估与追踪消费者的行为，与之进行低成本的沟通。手机等移动智能设备与电脑相比，屏幕更小，同时有着定位系统、摄像头、无线网络通信技术（Wi-Fi）等功能，具有可移动的特点。

传统媒体包含有传统大众媒体与传统互联网媒体，杂志、报纸、电视等传统大众媒体只能向用户单方面地传递信息，传统互联网则只是针对有限的个人电脑用户，主要进行的也是单向传播。但是移动媒体可以使企业与消费者进行实时的双向互动。需要注意的是，因为移动设备的屏幕普遍较小，因此企业的营销信息往往会设计得更加简洁，消费者在浏览时也会感到简便。

传统 PC 端营销被固锁在设备附近，这种近似静态的单屏交互方式，使得企业的营销操作及用户扩展受到时间、地点、界面和使用方式的极大限制。移动设备的便捷性可以在移动终端实现多机共存的局面，智能手机、手表、平板电脑等都可以接入移动营销。多设备互动将成为移动营销用户的主要行为特征之一。而且，传统互联网营销通常实行线上水平撒网的营销模式，而基于 LBS（Location Based Service）的定位优势，移动端使线上、线下同步的立体场景营销成为现实。相比之下，传统大众营销的传播则因过于泛化而无法创造基于情境的价值。相互补充的融合重构，也成为营销界需要面对的一个重要问题。

四、大数据营销的机遇与挑战

（一）机遇

1. 营销活动更加精准

传统的营销方式大多使用的是大面积铺撒广告的形式，这有两个缺点，首先是浪费金钱，其次是由于没有面向针对客户，所以营销效果欠佳。在当下，互联网上充斥着各种各样的媒体资源，而广告主的需求也随之发生了变化。广告主（企业）要利用大数据和互联网来分析消费者的需求，从而针对受众目标进行精准的广告投放。

大数据使营销更加精准，在以下三个方面有所展现：

（1）精准定制产品

生产企业通过大数据可以得知消费者的需求，从而提供定制产品。

（2）精准推送信息

精准推送消费者感兴趣的信息，不易被客户反感。

（3）精准推荐服务

生产企业通过大数据来分析用户的地址、搜索、浏览等信息，可以了解其需求，从而更好地提供个性化服务。

2. 营销活动更加个性化

产品的营销是为了给客户提供满意的商品与服务，同时使企业的利润最大化，这是基于每一个潜在的消费者的需求通过大数据分析来进行的。利用大数据，企业可以分析消费者的个性、消费特点、消费偏好，从而使整个营销活动更具个性化，这也是大数据给传统营销变革与发展带来的一大机遇。

3.营销活动更加可测

大数据是一场技术性的革命，海量数据资源使得营销管理开启量化的进程，而运用数据进行决策是大数据背景下营销模式转变的一个重要特征。未来企业的竞争将是数据的竞争，谁能更充分地挖掘潜在客户的数据信息，谁就更有机会取胜。在一切皆可量化的时代，消费者数据将会以储存在用户本地终端上的数据（cookie）等形式被记录下来。有了这些数据便可以预测消费者行为及市场未来的发展趋势，使营销活动更加可测，这是大数据给营销升级带来的另一大机遇。

（二）挑战

1.数据质量难以保证

从海量数据中提取出隐含在其中的有价值的信息是十分复杂的，是一个"大浪淘沙"的过程，通常包括数据理解、数据收集、数据整理、数据建模、数据评估等多个阶段。大数据的"大"是指全体样本，而非单指数据量大。在庞杂的数据中充斥着大量无效的干扰性数据，如何去粗取精、去伪存真是大数据给营销变革带来的挑战之一。

2.大数据人才缺乏

除了数据质量问题之外，大数据人才缺乏也是大数据营销发展的短板。并且，大数据人才分布不均匀，主要集中在互联网和金融两大领域，制造业等行业在产业转型升级过程中极度缺乏大数据人才。从整体看，数字中国建设、产业转型升级、企业进行云拓展等都对大数据人才产生巨大需求，而人才培养的数量和速度难以满足现实需求，大数据人才缺口持续增大。

3.数据管理复杂化

大数据的一个重要特征就在于其复杂性，包括数据量大和来源广泛两个方面。大数据的快速增长对存储空间、数据压缩技术、能源消耗提出严峻的挑战。如何更好地管理和利用大数据资源已成为业界普遍关注的问题，数据管理方式上的变革正在发生。

4.隐私问题日益凸显

互联网时代，在线活动与在线交易不断增多，用户数据与隐私泄露事件时有发生，网络安全威胁更为严峻。数据挖掘一方面可以被企业有效利用，增强营销活动的精准度，提升营销效率；另一方面，如果对大数据缺乏有效监管，用户数据被不法分子得到，将会给用户带来严重的危害。因此，大数据营销伦理及法制问题不容忽视。

五、大数据营销的发展趋势

（一）不同数据库的整合与协同

社会经济与科学技术在不断发展，每个企业所拥有的碎片化消费者信息早已不能满足当前营销的需求，基于全样本数据的大数据营销能够挖掘用户数据。

当下是数据碎片化时代转向数据整合时代的过渡期，而随着科技的发展，未来跨媒体、跨渠道、跨终端的全面打通将使信息得以从多维度重组。通过企业整合、联动、协同不同的数据库，可以多方面融合消费者信息，这将是未来大数据营销发展的关键和基础。

（二）场景成为大数据营销的着力点

随着 5G 的不断发展，万物互联、万物皆媒的物联网时代已经到来，场景营销也将成为大数据营销新的着力点。场景营销的基本流程就是先找到合适的人，再根据消费者所属群体和消费习惯决定用什么样的信息内容，然后根据消费者所处的环境来决定什么样的触点有效。实施场景营销需要大数据的支撑，需要多渠道了解用户，然后通过挖掘场景、客户分群对触点进行把控，做到针对不同的消费者在最适合的情境下给顾客推送最合适的商品和服务。

（三）通过效果监测实时优化策略

完整的营销活动涵盖前期的准备、中期的投入以及后期的监测，但对于很多中小型企业而言，后期监测的时间成本以及资金成本都比较高，所以，效果监测环节往往被企业忽视。但随着大数据营销的不断发展，实时效果监测将成为常态。大数据挖掘技术的改善与提高，使营销效果的监测成本大大降低，而每一次营销活动无论成功与否，通过效果监测都可以找到其中的原因，从而改进其中的不足，尽快拿出解决方案以提高效率、减少损失。

第二节　大数据时代的营销策略

一、产品预测与规划

传统市场营销认为，企业提供给消费者的产品应该是一系列能够同时满足消费者多种需求的整体产品。这个整体产品包含有形的产品和无形的服务，它可以分解为五个层次，分别是核心产品、形式产品、期望产品、延伸产品和潜在产品。

产品整体概念体现了以消费者为中心的现代营销观念，同时为企业提供了产品改进、新产品设计的新思路和新方向，有利于企业产品形成自己的特色，从而为企业产品差异化策略的实施提供新的线索。然而，这一观点仅仅停留在理论上，以往学者并没有给出产品整体概念几个层次的明确划分方法。但是，大数据给了我们新的思路。依据大数据，我们可以更好地对产品层次进行划分，从而帮助企业实现产品的差异化。

事实上，核心产品确定了不同产品所属的细分行业。例如，高端餐饮产品的核心产品是消费者能够在舒适美妙的环境中品尝到色香味俱全的美食，获得服务员或是厨师的个性化服务，而低端餐饮产品的核心产品是消费者能够吃到干净卫生的饭菜等。这两类产品均属于餐饮行业的产品，但在其细分领域中具有明显区别。以往我们对餐饮业的划分可能是以菜系、档次等进行划分的，但是并不会分得特别细。随着生活水平的提高，消费者的休闲意识逐渐增强，开始需要一些个性化的餐饮服务。在大数据背景下，这种细分行业的再次细分与精分是可行的。大数据可以帮助我们更深入地了解几乎每一个消费者的消费需求，我们可以根据其需求构造不同划分精分领域以获得市场利益。

当企业发现新的精分市场，就可以尝试着去满足新市场的需求。企业可以提供不同的产品去满足市场需求，那么大数据可以帮助企业确定产品的具体形式。举例来说，服装企业可以从服装品牌、材料、款式、颜色、包装等方面进行产品规划。虽然许多服装产品都可以给消费者带来舒适、美感，对身体起到保护作用，但是企业提供的产品为什么选用这种材料而不选用那种材料、选择这种款式而不选择那种款式都需要进行调研。通过大数据，企业可以清楚地了解消费者深层次的需求，甚至是一些小众消费群体的需求。

市场上，能够满足消费者需求的产品千千万万，提供这些产品的企业也非常多。然而，每个企业所提供的产品能够满足消费者需求的程度是不完全相同的。消费者希望获得的与产品相关的一系列属性和利益往往与行业标准存在很大关系。例如，现阶段的旅馆住宿业基本都会有独立卫浴、24 小时稳定热水、Wi-Fi 等产品或服务设施，如果某家旅馆企业没有这些服务或设施，那么消费者多半是不满意的，并且基本不会光顾。奋发向上的企业需要尽可能地提高自身产品的感知价值以获得消费者认可，从而获得顾客忠诚度。但是，因为企业不清楚消费者的判断标准，所以在企业满足消费者需求的不懈努力中存在大量的资源浪费。在大数据时代，这一判断标准逐渐清晰。企业可以通过网络爬虫或接入特定领域的数据端口获得相应的信息，清晰地确定消费者对某一需求的一般要求。即对消费者来说，产品的哪些属性是企业必须做到的，哪些是可以稍微差一点儿的，这有利于企业以较小的资源投入获得较大的满意度。

以动态的视角看产品整体概念，期望产品和延伸产品的界限并不那么明显。如果说期望产品是企业产品必须能够提供的利益的话，那么延伸产品就是企业产品选择性提供的利益。随着经济的发展和市场竞争的加剧，消费者对于产品期望层次的利益要求会逐渐增加，原有属于延伸层次的产品利益会逐渐演变为期望层次的利益。这就要求企业必须时刻监测市场动态，适当地预测行业产品未来的发展方向。大数据使这项工作变得简单。大数据的两大基本功能就是监测和预测，企业可以通过接入相应领域的数据端口从而获得大数据提供的各种便利，同时也可以通过信息筛选获得产品差异化的新思路。

（一）大数据背景下新产品开发的特点

新产品开发是企业商业活动中的一个重要环节，同时其自身也是一个非常复杂、庞大的系统。传统的产品开发思维是相对固态、封闭的，主要依赖开发人员的主观判断。例如，在进行家电产品开发设计的过程中，企业通常会比较重视市场调研，并在设计过程中充分考虑调研中所呈现出的用户需求，然而其设计过程往往缺乏对用户潜在需求的关注和对发展趋势预测的准确性，效率也较为低下，其原因在于调研数据始终是静态的，调研过程中受访者即时反映出的数据具有一定的主观性和欺骗性,同时其数据量和数据类型的局限使得设计师难以从全局把握未来产品的发展趋势。

通过大数据的处理及分析,企业能够依据更高效、真实、客观的数据对用户需求展开预测,并以需求驱动和更合理的方式进行产品开发。总体来说,以大数据为基础的产品开发思维具有以下五个方面的特征:

1. 提供更客观的判断依据

在传统的新产品开发设计过程中,由于时间以及预算的限制,调研问卷的发放数量是有限的,同时再排除掉一部分可信度、效度较低的问卷后,有效的问卷就更少了。而在访谈式调研中,由于调研时间较短,受访者缺乏与调研者之间的深入沟通,很多有效信息是无法提取的。例如,对女性户外运动爱好者进行访谈调研以便为其设计新产品,如果选择的被调查者人数较多,则需要非常多的时间;如果选择的被调查者人数较少,则获得的有效信息较少。在这种情况下,设计师在进行产品设计时就不得不更多地依靠其个人经验,但是这种经验判断主观性非常强,同时具有明显的个体差异,不同的设计师可能会给出完全不同的新产品概念,因此局限性非常大。而基于大数据的产品开发,其数据来源广泛,数据量巨大,同时获取数据时常常是在用户无意识状态下进行的,避免了刻意隐瞒的情况,因此其数据的真实性更高。企业根据这些数据对消费者的潜在需求进行判断、对产品未来的发展趋势做出预测,其结论就会更加真实、可靠。

2. 更强的时效性、动态性

在激烈的竞争中,满足消费者的需求很重要,而恰当的时机也是非常重要的,这关系到企业能否成为行业的领头羊。在新产品设计中,企业越来越多地注重消费者需求信息的调研。然而,传统调研是非常耗时的,一般新产品需求市场调研从开始到结束至少要持续 3 个月,这么长时间对于一些工业制品企业可能影响不大,但是对于服装等消费流行性比较强、产品更新换代比较快的行业来讲影响非常大,甚至是致命的。再加上消费者的需求是在不断发展变化的,几个月前的需求可能与几个月后明显不同,企业根据之前市场调研获得的消费者需求信息进行新产品开发,生产出来的产品很可能又不符合市场需求了。这会造成极大的资源浪费,也会影响企业在行业中的竞争地位。使用大数据进行新产品开发,一方面,企业可以通过大数据的监测功能随时获得消费者需求及其变化的信息;另一方面，计算机处理和分析信息的速度明显高于人工，这样获得的新产品创意时效性较强。此外，大数据背景下的新产品开发是一个系统过程，整个过程在企业内部具有公开性，沟通流畅，可以极大地节省新产品开发的时间，有利于企业更快地提供新产品，以长期占领市场。

3. 更清晰的产品、用户定位

产品的精准定位是一款产品成功的重要因素，这取决于企业对市场整体状况的准确判断。基于大数据的处理分析，产品在市场中所处的层次、需求量多少、与同类产品相比较的优劣势、哪些人将会是潜在的用户群体、用户的消费特点及行为方式等因素会以智能、动态的方式呈现出来，因此开发者能够对产品和用户进行更加精准的定位。

4. 以更长的产品生命周期为目标

一款产品从生产、流通、使用到废弃的周期通常有一定的规律，这一规律由市场、消费者、相关法律政策等多个因素共同形成。越是符合消费者需求和利益的产品，其生命周期就越长，为企业带来的利润增长也就越持久。通过大数据的分析，企业能够以较低的成本获取消费者的实时反馈，高效地对产品进行改良创新和升级换代，从而紧紧抓住消费者的心，有效地延长产品生命周期。

5. 资源整合式的整体思路

产品开发本身是一种资源整合的行为，但在传统的开发设计过程中，企业受限于行业间的封闭性以及信息互通的迟滞，因此常常无法高效地找到自己所需要的资源，致使开发过程缓慢。通过大数据所提供的海量信息，开发者能够迅速地搜寻到与自身需求相匹配的资源，并迅速地将产品开发的上下游连接起来，组成具有针对性的、灵活的开发链条，从而更高效地展开产品开发活动。

（二）大数据背景下产品策略的优化与动态管理

1. 大数据在产品生命周期管理中的应用

产品生命周期是指某产品从进入市场到被淘汰退出市场所经历的市场生命循环过程。因此产品生命周期理论又称为"商品循环"理论。一般来说，产品生命周期可以分为以下四个阶段：导入期、成长期、成熟期和衰退期。

在不同的生命周期阶段，产品的销售额、利润额以及市场占有率是不同的。企业在进行产品生命周期划分时的常用方法有以下两种：

（1）销售增长率分析法

销售增长率分析法是以产品的销售额增减快慢的速度，来判定、预测该产品处于生命周期的哪个阶段的方法。

销售增长率 =（当年销售额 - 上年销售额）/ 上年销售额 × 100%

当销售增长率小于 10% 且不稳定时为导入期；销售增长率大于 10% 时为成长期；销售增长率小于 10% 且稳定时为成熟期；销售增长率小于 0 时为衰退期。

（2）产品普及率分析法

产品普及率分析法是根据产品在某一地区人口或家庭的平均普及率，来判断该产品处于生命周期的哪个阶段的方法。产品普及率有两种算法，一种是单位人口拥有产品的数量，另一种是单位家庭拥有产品的数量。根据产品类型的不同，可以采用不同的算法。

当产品普及率小于 5% 时为导入期；普及率在 5%～50% 时为成长期；普及率在 50%～90% 时为成熟期；普及率在 90% 以上时为衰退期。采用此方法，需要掌握大量的统计资料。

以上两种方法虽然可以大致地划分企业产品所处的生命周期，但是对大多数企业来讲，这些划分方法存在弊端。销售增长率分析法是以产品实时销售状况进行分析并划分生命周期阶段的，这种方法天然的存在滞后性；产品普及率分析法则需要在大量的统计数据的基础上才能相对准确地划分产品生命周期的不同阶段，而且这种方法很难适用于企业的单个产品。此外，这两种分析方法均仅使用了一种指标进行产品生命周期的划分，标准比较单一，不能够准确地判断与预测产品正确的生命周期阶段，为企业制定营销策略带来一定的困难。

在大数据背景下，企业可以获得非常全面的市场信息，利用多种类型的信息进行产品生命周期阶段的划分，还可以结合内部同类产品相关数据以及行业同类产品数据对新上市产品进行生命周期的预测。

大数据分析可以通过代入不同变量，如销售额、销售额增长率、成本、市场占有率、现有消费者数量及使用者类型等，拟合产品生命周期曲线。通过大数据事先预测新产品的生命周期及其各个阶段，有利于企业从整体上对新产品上市后整个过程的营销策略进行统一的规划和效果模拟预测。

总之，用大数据分析制定不同产品生命周期的营销策略，就是首先根据历史数据对同类产品的生命周期进行预测，同时辅以多种变量，如消费者购买行为特征等进行调整，然后对不同生命周期的营销策略进行规划并模拟消费者反映进行效果评估。在产品正式上市以后，结合产品销售的实际情况对大数据的预测结果进行持续的动态修正，并时刻监控消费者需求的变动趋势，持续改进和研发新产品。

2. 用大数据对现有产品组合进行动态优化

营销学中把企业提供的满足消费者需求的不同产品或品牌称为产品项目，原材料、功能、销售对象、销售渠道等方面比较接近的一系列产品项目被称为产品线。产品组合是指一个企业所经营的不同产品线和产品项目的组合方式，它可以通过宽度、长度、深度和关联度四个维度反映出来。

企业最初确定的产品组合并不是一成不变的，而是需要定期对现有产品组合进行分析和评价，并决定是否增加或减少某些产品线或产品项目，是否深化产品项目的开发程度，从而对现有产品组合进行优化。传统的分析评价方法有很多，如波士顿矩阵法、GE 矩阵法、产品项目分析法、产品定位图分析法等。在大数据的背景下，这些分析方法在极大程度上得到了深化和升华，除了少部分的定量数据以外，企业能够利用更多种类型的数据去分析其产品组合。

一般很少有企业的产品组合中只有一条产品线，那么企业需要定期对其产品组合中的产品线进行分析以确定哪一产品线应该扩大、缩减或是维持现状。常见产品线分析的主要指标是销售额和利润。在大数据的背景下，企业在进行产品线分析时可以用多个变量同时分析一条产品线，如产品线发展前景、产品生命周期阶段、客户满意度、客户忠诚度、销售额、利润、市场份额等。这些变量信息有些是定量的，而更多的是定性的文字评论、图片或是半定量的点击量、搜索指数、转化率等。

产品线上的每个产品项目对总销售额和利润的贡献是不同的。企业可以利用大数据选择恰当的模型分析不同产品项目的市场地位、产品项目开发程度、搜索指数、评价内容、投诉内容和数量、客户忠诚度、客户满意度等，从而确定某一产品项目是否需要被剔除。

在企业对其产品组合中各个产品线、产品项目进行了深度的分析之后，可根据其自身资源条件、市场状况和竞争态势对产品组合决策进行优化。常见的产品组合决策主要有产品线延伸策略，扩大产品组合策略，缩减产品组合策略。大数据背景下的企业产品组合决策相比于传统营销的产品组合决策本质上并无明显不同，只不过在大数据背景下做出的决策使用了更多的信息，更准确的模型，同时也更加注重产品组合决策的动态变化。

二、价格制定与变动

（一）大数据定价的关键环节

定价策略是营销策略的关键环节。然而，并不是所有企业都理解这一点。虽然在传统的营销学理论中已有比较成熟的成本加成定价法、竞争定价法、认知价值定价法等定价方法，以及撇脂定价、渗透定价、差别定价等定价策略，但是现实中的企业根据自身的实际情况所制定的定价策略，并未考虑对企业长期发展和盈利有利的因素。因此在大数据时代，企业如何充分利用与消费者互动过程中获得的海量数据，得到消费者对产品定价的反馈，综合考量成本、顾客和竞争对手等因素，以及它们之间的财务影响，制定合适的价格，并获得相应的回报是大数据营销的一个重要研究方向。

1.影响定价的因素

分析影响定价的因素首先要从营销战略层面开始。制定任何经营战略时都必须考虑的三个重要因素：公司本身（Corporation）、公司顾客（Customer）和竞争对手（Competition）。这就是3C战略三角模型。从3C战略三角模型的逻辑来看，只有将公司、顾客与竞争者整合在同一个战略内，可持续的竞争优势才有存在的可能。战略家的任务是要在决定经营成功的关键因素上，取得相对于竞争者的优势，同时还必须要把握其战略，能使公司的力量和某一确定市场的需求相匹配，使市场需要与公司目标彼此协调。这对建立持续稳定的良性关系是必不可少的，否则公司的长期战略可能将处于危险中。

根据3C战略三角模型的思路，在产品定价的过程中，从公司本身战略层面考虑主要是以成本为导向来挖掘影响因素；从顾客战略层面考虑主要是以需求为导向来挖掘影响因素；从竞争者战略层面考虑主要是以竞争力（研究与开发能力，在供应、制造、销售和服务方面所拥有的资源及其他利润来源等方面）为导向来挖掘影响因素。

因此，在影响定价的众多因素中，产品成本、市场竞争和顾客需求是决定价格高低最主要的因素。在企业选择定价方式时，最先考虑的是如何以这些因素为导向制定合理的基本价格，再通过价格策略对其进行修正，并形成一个价格结构。

因此，在传统定价方法中，一般定价的方法有成本导向定价法、需求导向定价法和竞争导向定价法。它很好地指明在某种情境下，企业或是需要以产品生产成本为基础定价，或是需要根据竞争者的价格为基础定价，或是以消费者感知的商品服务和价值为基础定价。然而在实际应用中，存在以下几个问题：

第一，企业面临的环境往往是综合的，既需要考虑消费者感知价值，如根据品牌和消费者的消费心理制定相对较高的价格，又必须考虑竞争对手的价格，使商品价格具有竞争力。消费者往往是既注重价值又看重价格。那么传统定价方式就缺乏适应性，很难综合多个因素来制定价格。

第二，传统定价方法偏向于定性研究，或者过于简单的理想定量模型。因此在实际操作中，企业定价人员往往不知道该往哪个方向努力，也不知道下一步究竟该具体做些什么。

第三，容易忽视定价中的其他影响因素。大数据的魅力之一在于可以通过海量数据发现在小样本数据集中无法发现的弱项关系。然而这些看似"弱"关联的因素，在预测结果时能起到大的作用。

2. 分析影响定价的主要因素

确定产品和服务的价格没有固定而单一的公式。价格的制定要考虑多种因素的影响，如市场需求、成本、竞争、利润、顾客的使用方式等，这些都对价格的成功制定起着举足轻重的作用。而构建影响因素的指标体系，对于大数据定价是一个十分重要的过程。利用大数据技术，获取各个参数的数据，就能准确估算相对数值指标。

3. 建立指标体系表

前面已经指出，影响价格的主要因素包括成本、市场需求、竞争等方面。简单起见，我们在建立价格指标体系时主要从成本、市场需求、竞争这三方面进行分析，同时也要考虑其他因素，如环境与政策等。目前，指标体系在构建和评价方面缺乏统一的理论与方法，在构建指标体系时通常遵循以下几点原则：

（1）目的性原则

选取的指标要从研究问题的目的出发。如果我们是要评价某单位的经济效益，就应选取经济效益指标，而不能把其他方面的指标也作为评价指标。另外，当我们要反映被评价事物的综合实际水平时，就应该选取总量指标，而不是动态指标。只有我们要反映被评价对象的动态水平时，才选取动态指标。

（2）全面性原则

选取的指标应尽可能地反映研究对象的各个方面。为了保证这一点，选取的指标就应该具有代表性，选取时应从被研究事物的各个方面着手，尽管最后确定的评价指标不一定很多，但选择初始指标时，备选指标一定要多一些、全一些，以保证有选取余地。

（3）可行性原则

选取的评价指标不仅应具有代表性，还应具有可行性。指标的数据应容易取得，而且可以保证数据的质量真正可靠。

（4）稳定性原则

选取的指标应是变化比较有规律的，有些受偶然因素影响而大起大落的指标不宜选入。

（5）协调性原则

选取指标一般都还只是统计分析的第一步，而不同的统计方法在分析时对指标的作用机理是不同的。各种方法都有其特点、共同点、优点和缺点。在选取指标时就应注意所用统计方法的内在性质与要求，使指标与所用方法协调一致。比如，多元统计中的主分量分析、因子分析本身具有消除评价指标间相关影响的功能，用这些方法进行综合评价时，需要多注意指标的全面性，而常规多指标综合评价方法和模糊评价方法则不具备这种功能，因此，选取指标时就要多注意指标的代表性，尽量在事先减少指标间的相关影响。

（6）结合性原则

选择统计指标时，应该将定性分析和定量分析结合起来，只强调定性分析，或只强调定量分析，都是不妥的。对于数学方法的应用，一定要认真分析。数学方法本身没有错误，但就应用问题来看，是否合适，还要努力研究，而不应将数学方法到处套用。

（二）大数据驱动的定价策略

产品价格是影响交易成败的重要因素，同时又是营销组合中最难以确定的要素。企业定价的目标是促进销售，获取利润，这要求企业既要考虑成本的补偿，又要考虑消费者对价格的接受能力，从而使定价策略具有买卖双方双向决策的特征。此外，价格还是营销组合中最灵活的因素，可以对市场做出灵敏的反应。因此，定价策略的制定对于企业来讲十分重要。

在传统的营销学理论中，定价策略一般有以下几种：成本加成定价法、竞争定价法、认知价值定价法、撇脂定价法、渗透定价法、价格歧视定价法等。不同的企业根据自身的实际情况，采用对企业发展最有利的定价策略。这些定价策略为营销活动提供了指导，但是这些定价策略是基于市场预测提出的，企业并不能获得消费者对产品定价的全部反馈。如果企业充分利用与消费者互动过程中获得的海量数据，得到消费者对产品定价的反馈，就能制定合适的价格，并获得相应的回报。大数据为企业带来了一些新的定价思路与模式。

1. 个性化定价

如今，网络购物正进入个性化时代，以客户为中心的个性化定价是未来的一个发展趋势。个性化定价是指在认识到每个顾客均具有个性化需求的前提下，企业以顾客的个体信息为基础，针对顾客的特定需求调整企业行为，它是在顾客需求差异化日益显著的背景下产生和发展起来的。

随着信息技术的日新月异，电商企业进行个性化营销的能力不断提升。利用互联网、信息采集和计算机技术，电商企业可以及时地将顾客信息导入数据库，对数据进行分析，从中发现顾客的购买行为模式，为其制定个性化的营销方案。由于顾客在品牌忠诚度、价格敏感性等方面存在差异，他们在面对相同产品时感受到的价值是不一样的，愿意支付的金额也不同。因此，如果能够识别出每位顾客的支付意愿，企业就可以针对每位顾客制定个性化的价格。

个性化定价主要具有以下特点：

第一，个性化定价需要对顾客个体数据进行精确分析。在精确分析的基础上，可以识别每位顾客的支付意愿，从而为他们制定不同的价格。电子商务网站在这方面具有先天优势，能够比传统零售企业更方便地收集在线顾客的数据，包括年龄、性别、地区等个人信息，以及产品浏览和购买信息等，利用各种智能算法工具对这些信息进行分析挖掘，获得准确的顾客支付意愿信息。

第二，个性化定价能够为电商企业挖掘"隐藏利润"。个性化定价可以从愿意支付高价的顾客身上获得超额利润，并且用低价吸引顾客，这对于电商企业增加利润具有重要作用。

第三，个性化定价能够提高在线顾客的忠诚度和满意度。个性化的定价方案把每个顾客看成一个细分市场，从而真正实现一对一营销。因此，接受个性化价格的顾客会感受到企业对个体的关注、对个性的尊重，从中获得极大的满足。

企业实施个性化定价，首先需要确定公平原则。虽然个性化定价可以在很大程度上增加企业利润，但很多企业在决定是否采用时举棋不定，其中一个疑虑是顾客会觉得个性化的价格不公平。如果采用个性化的价格却引起了顾客的不满和反对，这个策略将得不偿失。那么，该如何解决这个问题呢？在注重公平的基础上，我们可以通过以下的步骤来实现：

第一，了解顾客支付意愿。对于任意一个产品，企业需要了解不同的顾客愿意支付的金额。

第二，确定目标顾客。在了解顾客支付意愿的基础上确定目标顾客，以获取最大化利润。例如，埃森哲公司的"个性化定价工具"能够在现有存货、商品利润率等信息的基础上，利用遗传算法帮助企业决定把商品提供给哪些顾客，以增加企业利润。

第三，制定差别化定价策略。在以上两步的基础上，设计差别定价（价格歧视）的机制，对不同的顾客提供不同的价格或者商品优惠。

第四，实施个性化定价策略的企业需要对商品价值进行分割，使支付不同价格的顾客享受到不同的服务，得到不同的商品价值。

要公平地做好个性化定价，可以根据顾客的支付意愿以及顾客的其他属性（如年龄、性别、位置等）确定产品的价值分割方案，为顾客提供适合其心理价位的产品与服务组合。

2. 动态定价

"双十一"现在是消费者一年一度的网络购物狂欢节，在消费者争相把看中的商品加入购物车时，各家公司也在绞尽脑汁展开价格战。为了吸引更多的消费者光顾自己的网站，在低价的同时保障利润，各大商家利用软件系统监控对手，每天多次调整价格。

随着电子商务的崛起和各种数据分析工具的诞生，零售商对竞争对手的反应前所未有的快速和准确，在竞争对手出价后数秒就能马上跟进。传统零售商被迫转型，跟随电商的弹性定价。价格战不再只是拼低价，而是成为数据挖掘和策略制定的系统比拼。

（1）动态定价的起源

20世纪90年代，航空公司会根据一架航班的空余座位数和竞争对手的票价不断地调整机票的价格。酒店很快跟进，推出了"收益管理"系统，随时改变客房价格。现在，网络零售商也在使用具有类似功能的软件，目的之一就是要维持最低的价格，哪怕只低一分钱，这样当买家在进行价格比较时，它们的商品会出现在搜索结果最前面的位置。

在软件时代到来之前，企业根据竞争对手的标价来调整价格的行为就已经存在，当时商店会派员工到竞争商家的店里手工抄录价格。电子商务发展起来后，各家企业就通过浏览竞争对手的网站来调整价格。大数据时代的到来为大规模快速地调整价格提供了可能。利用大数据技术，企业在发现价格出现差异时，比如一件商品的价格比竞争对手高5%时，就能很快地进行价格调整。当然，价格调整也是双向的。如果一家公司发现自己销售的某件商品的价格比竞争对手低很多，就可能会提高价格，以保持和市场价格水平一致。

（2）排名机制对动态定价的推动

价格调整比较频繁的是在淘宝上销售产品的网店。淘宝鼓励在其网站上销售商品的零售商之间展开激烈的竞争，争夺搜索结果的榜首位置。比如，一家儿童服装店为了保住在淘宝搜索排名中的领先位置，每隔一段时间就调整一下部分商品的价格。

（3）大数据分析让大规模动态定价成为可能

对于那些大型零售企业来讲，每天销售的产品数以万计，靠人工的方式动态调整价格，工作量巨大。大数据时代的到来令数以万计的产品的动态价格调整成为可能。

价格调整软件一小时内可以调整200万件商品的价格，软件会根据各种不同因素（比如竞争对手的价格、销售额等）来定价。零售商自行设置价格调整的时间和频率、要跟踪的产品及可以忽略的竞争对手。价格变化最频繁的是家用电子产品、服装、珠宝和洗涤剂、剃须刀片之类的居家用品。频繁调整价格促进了销售，但也需要注意价格底线。因此，可以在软件里设定与竞争对手的价格优势比例，然后设定一个不能逾越的价格底线，再将竞争对手设定为那些选定的商家，这样，价格调整就可以处于保证商家获得一定利润的水平上。

三、大数据驱动的渠道优化与变革

渠道是商品的流通路线，让厂家的商品通过中间商卖向不同的区域，以达到销售的目的。大数据时代的到来为厂商的渠道优化与变革提供了新的思路。

（一）大数据驱动的渠道优化

在渠道规划中，通过大数据分析可以发现其中的特征与趋势、问题与短板，如果有针对性地进行整体布局和优化，就能达到提升企业销售业绩的目的。

比如，某运动品牌的产品线十分丰富，过去在面对展厅里各式各样的产品时，经销商很容易按个人偏好下订单。如今，该运动品牌会用数据说话，帮助经销商选择最适合的产品。比如，一二线城市的消费者对品牌和时尚更为敏感，可以重点投放采用前沿科技的产品、经典系列的运动服装以及设计师合作产品系列；在低线城市，消费者更关注产品的价值与功能，诸如纯棉制品这样高性价比的产品在这些市场会更受欢迎。该运动品牌还会参考经销商的终端数据，给予更具体的产品订购建议。比如，该运动品牌可能会告诉某低线市场的经销商，在其辖区，普通跑步鞋比添加了减震设备的跑步鞋更好卖；至于颜色，比起红色，当地消费者更偏爱蓝色。

由此可见，一个优秀的企业一定要学会使用大数据来为企业渠道布局提供支撑。大数据虽然只是之前情况的反映，却是最客观的反映，也是预测未来情况的依据。用大数据分析的手段能较为准确地为决策提供辅助支撑，从而使决策更加科学化、规范化，也更加具有前瞻性。这样的企业才能真正走在市场前面，在激烈的行业竞争中比对手领先一步，成为未来市场的优胜者。

（二）大数据驱动的渠道变革

大数据时代，传统渠道已经站在变革的关口。企业自建渠道尤其是电商渠道逐渐壮大，但经营成本也在不断上升；飞速发展的互联网、物联网缩短了企业与用户之间的距离，企业的用户运营模式越来越成熟，传统渠道的掌控力度将会越来越弱；在互联网环境下，传统渠道的消费者及其消费习惯逐步迁移，线上购物方式越来越受到消费者的欢迎，传统渠道面临巨大的变革压力。

面对互联网渠道的强势冲击，传统渠道无须恐慌，而是要找准突破点，提供本地化服务和极致的用户关怀，积极探索以用户为中心的区域性电商或互联网化的服务模式，逐步实现渠道下沉和全渠道运营落地；另外，要积极运用大数据思维来整合渠道资源，只有把不同渠道的数据进行整合和融汇，才能精准把握消费趋势。

四、大数据时代的公关

（一）大数据时代的公关变革

随着互联网的广泛应用及大数据时代的到来，作为营销传播重要工具之一的公关正在发生深刻的变化，面临以下几个方面的变革：

1. 公众自我意识提升

大数据时代的公关活动应更加重视自我意识不断提升的公众。大数据技术的应用不仅凸显了以公众为中心的重要性，而且为真正做到以公众为中心提供了可能性。大数据技术提供了精准的用户画像。企业具有公众数据管理和分析能力，并建立了相关公众的信息数据库，为实现以公众为中心的公关提供了数据支持，从而为与公众保持长期良好的关系打下了坚实基础。

2. 公众细化程度加深

传统的公关活动是向公众提供满足普遍需求的信息，随着技术的不断发展，作为公关对象的公众的细化程度也随之加深，传统的普适性公关信息已经无法满足公众的个性化需求。

3. 公关应对难度增大

大数据时代的信息爆炸分散了人们的注意力，人们接触到各种各样的信息，由此培养出不同的媒介接触习惯和信息消费习惯。丰富的信息获取渠道使得人们对信息进行"选择性接触"和"选择性理解"。因此，公众对于公关信息的接收是有选择性的，差异化的公关活动成为时代所需。

首先，公关应对难度加大体现在应对时间缩短。移动互联网时代信息的传播速度越来越快，信息量也越来越大，任何地方的任何人都能迅速获知地球上其他地方的信息。企业潜在的质量问题、安全问题、经济问题、市场问题等在一定条件下随时可能爆发。危机事件发生后，在网络上传播的速度极快，这就大大缩短了企业应对的时间。

其次，公关应对难度加大体现在负面信息更易被公众获知。从用户在新闻网站的浏览记录、在电商平台的购物记录，到在社交媒体发布、分享的内容以及社会关系，再到地理位置、生活轨迹，这些信息都在网络上以指数级的速度增长，这给公关活动带来双重影响：一方面，丰富的数据内容能准确定位公关对象，使公关活动更加精准有效，而且多元化的手段、模式、平台可以组合出更加新颖、令人印象深刻的公关模式；另一方面，每一个重大突发事件都伴随着海量的信息在互联网和其他媒体上传播，信息量之大和传播速度之快都是前所未有的，加上公众获取信息的渠道多样化，能接触到的信息量大幅增加，因此当不利于企业的事件发生时，负面信息的传播渠道更加多元化，从而增大了公关管理者的应对难度。

（二）大数据公关策略

大数据的应用可以贯穿公关活动的整个过程：在公关活动开展之前，要想有一个科学的决策，就必须有大数据所提供的事实做支撑；在公关活动开展的过程中，需要大数据不断反馈活动的执行情况，并在此基础上对公关活动进行调整、完善；在公关活动开展之后，还需要利用大数据做精准的效果评估。具体而言，大数据公关主要有以下几个策略：

1. 公关对象精准化

与传统媒体环境下主流媒体覆盖的公关对象不同，大数据时代的公关对象呈现出碎片化趋势。公关对象围绕着社交媒体形成一个庞大的网络，而其中每个社交媒体网络的参与者都有自己的偏好和态度。这就要求公关人员借助大数据技术对公关对象进行精准划分，针对不同偏好的公众，以不同的方式来满足其需要。

美国公关学者格罗尼格（Groeneg）和亨特（Hunter）按公众发展的一般过程将公众分为"非公众""潜在公众""知晓公众""行动公众"四种类型，传统的公关只能通过大众媒体来向公众传达信息；运用大数据技术则能够对公众进行精准细分，准确获知某一用户的人口统计特征（如性别、年龄、职业等）、兴趣爱好、消费偏好、社会关系网络等信息，以此确定该用户属于哪种类型的公众，并根据其特征定制公关策略。

2. 信息发布数据化

大数据给人们的思维方式带来了重大改变，比如，数据新闻等新形式的媒体内容正在改变我们认知世界的方式，用数据说话、数据为王的理念逐渐深入人心。因此，大数据公关的一个重要原则就是公关信息发布的数据化，这是客观真实原则在大数据时代的新要求。公关信息发布数据化必须注意三点：第一，对任何大数据都必须追溯其真实性和可靠性；第二，要对海量数据进行筛选，去粗取精、去伪存真；第三，要对数据的背景及其反映的情况做出合乎逻辑的判断。

3. 舆情监测实时化

大数据技术能够让企业监测到真正的问题。通常，公关部门通过在媒体中植入故事来吸引人们关注产品、服务和企业本身，或者通过新闻媒体来进行危机公关。这样的公关难以聚焦真正的公关问题。通过大数据技术，企业可以实时了解社交媒体上关于产品和品牌的正面或负面信息，并迅速反应，及时做出调整。在浩如烟海的互联网世界中，要通过人力来监测负面信息，工作量实在太大，且无法穷尽；但利用大数据这个"哨兵"，就可以做到全面、精准地把握负面信息的动态，及时妥善处理，从而避免更大危机事件的爆发和蔓延。

4. 技术应用人性化

大数据技术无时无刻不在记录人们的行为轨迹、生活动态，这些数据包含隐私信息，若不加考虑地滥用，将会造成消费者的反感情绪，甚至对消费者的人身财产造成危害。事实上，在大数据时代，尊重消费者隐私本身就是一种明智的公关策略。例如，美国某公司对顾客的消费数据进行建模分析后发现，孕妇在妊娠期会购买无香味护手霜，在怀孕的前20周会购买大量的钙、镁等补剂。有了这一发现，公司本可以直接向孕妇投放孕期产品广告，但是为了避免引起消费者的反感，公司将这类商品的信息与其他商品的信息一起投放给孕妇。这种做法不仅带来了销量的增加，而且尊重了消费者的隐私和情感，为公司塑造了良好的口碑，提升了公司在公众心目中的形象和地位。

五、大数据时代的促销

（一）大数据时代的促销变革

虽然传统促销和大数据促销的目的都是吸引消费者关注，激发他们购物的欲望，从而更多地销售产品或服务，但大数据技术的运用使促销活动更有针对性。

大数据技术强大的数据分析和挖掘能力，改变了促销活动中市场调研、促销商品定价和促销信息传播的方式。

1. 市场调研方式变革

在开展促销之前，促销方应当对促销目标、促销工具、消费者需求进行调研，使促销活动有的放矢，以取得更好的销售业绩。传统的促销调研往往只能根据已有的销售记录来进行，调研结果不够精确。大数据技术的运用，使促销者不仅能够准确得到消费者的购买记录、购买偏好，分析出消费者的购买能力，甚至能够通过对关联数据的分析，预测消费者的购买需求。这样，就能为促销活动找到准确的目标消费群体，并根据这些消费者的偏好有针对性地制订促销计划。

2. 促销定价方式变革

如何对促销商品定价一直是困扰商家的问题。价格不是市场或产品的简单依附，而是代表着产品的用户指向，是调整购买能力与购买意愿的重要杠杆。在大数据时代，促销定价的顾客导向和差异化定价的意义更加凸显。顾客导向强调将顾客群细分，充分了解潜在的顾客，并采取不同的促销方案锁定顾客；差异化定价则强调面对不同消费阶段的顾客采取更灵活的定价，为每个需求层面找到最佳的供应方。这时大数据就有了用武之地，分析顾客的行为并快速总结规律，在此基础上结合顾客的消费能力实现促销活动的精准定价。

3. 信息传播方式变革

在传统的促销活动中，促销方只能发传单或通过大众媒体来传播促销信息。这样的传播方式不是建立在信息双向传播的基础之上，而是单向的传播。这种方式带来的效果不理想，不能保证促销信息到达目标消费者，而且不能及时获知消费者对于促销信息的反馈。大数据时代，促销信息的传播方式则是多元且精准的。通过对用户的网站浏览记录、网购记录等数据的追踪，能够分析出该用户是否为目标消费者，然后通过程序化购买使促销信息在合适的时间出现在合适的消费者眼前。在传播过程中，促销方能及时获取消费者的反馈信息，适时调整促销方案。这样不但节省了促销费用，而且使促销信息的传播效果更佳。

（二）大数据时代的促销策略创新

1. 实施基于大数据的市场调研

市场调研能为促销活动的成功提供事实基础。大数据时代，商业环境更加复杂多变，要想从海量的数据中甄别出有价值的信息，除提升信息处理技术之外，还要改变传统的市场调研模式。传统的用于市场调研的抽样及数据分析技术已不再适用于大数据的分析。营销人员需要再学习，掌握更多的数据处理与分析的技能，以适应大数据时代对促销的新要求。

2. 精准投放促销信息

在大数据时代，基于数据分析的企业促销活动更加精准。许多企业通过互联网收集消费者网页浏览、信息查询、购买时间和购买频率的行为数据并加以分析，判断消费者的习惯与偏好，对消费者进行精准定位，制定出有针对性的促销策略，实现促销效果最大化。

3. 根据反馈信息实时调整促销策略

大数据为企业带来的另一个机遇就是可以在促销活动中实时监测促销效果，根据反馈信息对促销策略及时调整与改进。传统促销属于直线单向型，企业无法根据促销效果对其促销活动进行及时的调整；而大数据促销属于分段双向型，整个促销活动分为不同的节点，每个节点上都有适时的信息反馈，以便企业及时做出调整。

第四章　大数据营销管理的理论探索

本章为大数据营销管理的理论探索，共分为两节。第一节为营销管理中的数据分析，主要介绍如何让数据更好地为营销管理服务；第二节为数据化营销管理的分析方法，主要介绍大数据营销的一些数据分析。

第一节　营销管理中的数据分析

一、统计的概念

把原始的数据转化为有意义的、有用的信息就是统计。统计本质上是对某一事物的测量。更具体地说，它是几种测量的总结。例如，打击率是对一个选手击中质量的统计；智商概括了测验的得分情况；政治民意调查结果概括了一群人对某些特定问题的看法；股票市场指数概括了一组股票的表现。

在很多情况下，通过统计分析所得出的结论其实是直觉化的。无数的研究显示，那些经过统计培训的人也无法很好地把培训知识运用到现实世界中去。换句话说，当人们试图直观地解释数据时，他们其实是在臆测而已。统计的直观性不可避免地导致了谬误，有人开玩笑（或许没开玩笑）地宣称："给我任何一组数据，我都能使这组数据得出他们想要得出的结论。"这种行为被称为回避数据，即用一种最简单的形式去回避，包括故意忽视或排除那些不支持自己期望的结论的数据。以彩票中奖为例，人们不会忘记他们在两年前中了 1000 元的情景，他们甚至会一遍又一遍地讲起这件幸运事，但是他们却忽视了他们曾经在 5 年里每周花 20 块元购买彩票的事实，购买彩票的花费其实是他们中奖额的 5 倍之多。

捏造数据是大数据营销的敌人，它阻止人们了解什么在起作用和什么没有起作用。当你决定分析与市场营销活动相关的数据时，你需要分析所有的数据，你不能只是从中挑选你想要看到的那些结果。

尽管有这样参差不齐的声誉，但是统计科学是一门真正的科学。统计技术的恰当使用能使杂乱无章的数据变得有序；审慎的数据分析能让你获得有用的客户信息，当你选择向谁发送营销信息时，可以让成功的概率大增。一般情况下，收到信息的大多数人可能不会对你的商品信息有反应，但是你若使用统计的方法就能确保有足够的反应率填补你的营销成本并能获得一个健康的利润。

数据分析的结果往往不是确定的，采用的解释都是开放式的，所以得到的结果也是模棱两可的。但即便是这样，我们也要平常心对待数据，尊重数据的结果。如果数据不是我们想要的，我们也不要回避。如果只在意数据出来的结果也不会对最终的分析有多大帮助，并且也不会让营销工作的效果改善。只有对分析的方式重视起来，相信分析报告的结果才能帮助营销工作的进行。

二、客户的差异性

（一）客户随着时间而变化

数据的平均数在营销工作中是非常常见的，有的人会关注道琼斯平均数的反弹；如果是运动员，他们会根据平均击中率来判断每场比赛的平均分数；有的数据是对美国人每天吃的牛肉、薯条等食物的平均值的表述。这些平均值十分常见，但是这些数据能够带来什么信息呢？如果只有一个平均数，并不能得到什么有用的信息。大数据营销者关注平均数，要把关心的重点放在客户之间的差异性，这些差异性就是数学上所说的变量。客户的年龄、家庭收入、子女的数量等，这些信息就是我们在营销工作中所需要关注的变量。

假如你存了 10 000 元并且你正在考虑投资于股票市场，你真的关心上证平均指数是否升高 5000 点还是降到 2500 点？答案很简单："你不会。"你真正关心的是你那 10 000 元是赚了还是亏损了。虽然这有些过度简化你的决策，但是你会看到这点。

趋势有时比一个平均值的实际价值更重要，一个趋势代表了事情发展的一般方向。在总体趋势中会存在一些小的波动，例如，1—95 号风暴从南加利福尼亚的海面一路吹来，你会发现风暴沿着一条路径高速移动，时而偏东、时而偏西、时而偏北，但是其总体的方向是朝东北。

作为一名数据营销人员，你的部分工作是跟踪客户数据的趋势，探测潜在的消极趋势可以帮助你及时加以干预，识别那些积极的趋势则能让你乘浪前进。

有一家银行的工作人员查阅几年内客户数据的价值。他们发现，客户的平均年龄正在稳步增加。当他们意识到客户基数的老龄化速度快于国家整个的老龄化速度时，他们对这个问题给予了足够的重视。有大量的警示性因素，很明显，死亡率就是一个，它意味着一个不断缩减的客户基数。但是这一趋势也可以解释，为什么储蓄和借贷没有增长。随着客户基数的老龄化，越来越多的客户拥有固定收入，并且年龄更大的客户也趋向于不借贷或在使用他们的信用卡时尽量做到收支平衡，这对于这家银行来说都是不利的消息。这个发现导致了银行开始积极地拓展新的年轻客户，他们瞄准大学生和年轻的职业者并开始他们的营销计划，这是一个由营销数据库的信息改变整个公司营销策略的典型案例。

通过持续地实时跟踪关键客户的特征，你就能对正在发生的趋势给出反应，形成跟踪报告并且定期管理它们，甚至按月度或季度去审视你的客户基数的状况。这有利于你发现潜在的问题和机会，并及时地采取行动。

（二）充分认识有效数据

想象一下，在一个停车场停着 20 辆车，你决定计算每一辆车的车门数，你发现有 7 辆 2 门小卡车，3 辆 2 门小轿车，10 辆 4 门轿车，加起来共有 60 个门。汽车门的总数除以 20，结果是每一辆汽车平均拥有 3 个门。很明显，这个平均值没有反映出停车场里面汽车的真实情况，事实上，3 个门的汽车是不多见的。

评判数据的一个更有用的方法是使用图表。通过图表更能直观地显示分别有多少辆汽车拥有 2 个门、3 个门或 4 个门。这个图表比平均值更有用，也更能说明问题。它清晰地显示了可以把汽车分成两个不同的组，也就是一组包括 2 个门的汽车，一组包括 4 个门的汽车。

柱状图是显示一个变量按照不同价值分配比例的图型。比起中位数，它能让你更好地了解你的数据。在客户数据的挖掘中，没有一个变量的属性会围绕着中位数进行分类。著名的钟形曲线是统计理论的基本组成部分，但是你在大数据营销中不会遇到钟形曲线。总之，记住去审视数据实际上是如何分配的，这一点非常重要。

关于汽车车门的例子是人为设计的一个图表类型，但却是你可能会频繁遇到的一个典型类型，这种类型属于双峰式分布的类型。双峰式意味着数据的分布出现两组集合，分布有时不只存在双峰式，还有多峰式。

双峰式分布通常意味着你要处理两组不同的客户行为和动机。你或许发现，购买某个特殊产品的客户在很大程度上可以被划分为 20 岁左右年龄段和 60 岁左右年龄段。在这种情形下，取平均值（40 岁年龄阶段）是毫无意义的。根据这两大分组及它们反映出来的不同特性，你能形成两种不同的营销策略。

三、在数据中寻找关系

（一）客户属性之间的关联

两种属性的客户分享着共同的趋向叫作相关性，事实上，这种趋向可能强，也可能弱，或根本并不存在。一个人的身高或许与他（她）的母亲的身高呈现较强的正相关，但是他的身高与他祖母的身高却没有明显的关系。他的身高可能与出生日期也没有任何关系。这些趋向可能是积极的，也可能是消极的。一个人的负债随着他的年纪变大趋向于降低，并且最终会付清贷款和其他借贷，这是一个负相关的例子。

一个统计趋势的存在并不暗示着一件事情会导致另一件事，比如，一个人购买打火机的数量与他们患肺癌的概率存在着密切的相关性，但是只有当他购买的是烟而不是打火机时才能解释这种趋势，打火机与患肺癌之间的联系叫作伪相关。

有家银行曾设计一个营销计划来增加 CD 账户中的储蓄（CD 账户是指存折账户，英文全称为 Certificates of Deposit），在营销活动开展了一段时间后，开始分析活动的效果。最初，银行注意到，自从活动开始后，申请 CD 账户的人数显著增加了。这是一个好消息，说明营销活动起作用了。但是当他们试图评估这次精彩的活动所产生的利润时，却发现了问题，那就是尽管新客户确实增加了，但是总的盈利却没有改变多少。在深入分析之后发现，为了支持此次 CD 活动，分支机构为银行柜员制定了一个激励计划。这个激励计划旨在对那些成功开户的柜员给予奖励，但是奖励多少是根据他们开户的数量来定的。掌握了这些信息之后，银行重新回到数据并且审查了新开 CD 账户的客户，结果证明这些所谓的新客户其实都是老客户。之所以会出现新开户增加的假象，是因为到期的 CD 账户又被滚动到新的账户中去了。银行柜员只是简单地把它们归为新账户，一个 20 000 元的 CD 账户被滚动到 4 个 5000 元的定期账户中。银行最初对营销计划的成功是那么兴奋，但这被证明是毫无道理的。银行在营销活动和新账户的因果关系上犯了伪相关的错误，真实的原因不是客户刺激了这次营销活动，而是银行柜员刺激了这次营销活动。

伪相关也不是全然没用。不管有没有伪相关，利用统计的趋势都能做到加强大数据的营销效果。比如说，当营销人员怀疑某个特别的客户属性可能对于理解客户的行为起到关键的作用，但是这个属性并没有被输入到数据库中，这时不用太过着急，在数据库中大概率会有相关性的数据存在，或者数据库中有变量和这个客户的属性有关联性，通过数据分析操作能够找到这种关联性。

用另一个相关的变量替换一个变量，也就是代理变量，这样就有机会利用起来数据库没有的信息。代理变量虽然和人们需要的真正的信息存在差异，但是代理变量很可能和感兴趣的特点相关度很高，代理变量就可以拿来使用，会产生不错的效果。比如说打火机和香烟，如果单纯地限制打火机的销售就是为了降低肺癌的患病率显然是不可取，是无用功，因为打火机的减少并不能限制香烟的销售，不是问题的根源。但是如果只是为了识别出哪些是肺癌高风险的人群，那么就可以调查打火机的销售情况，因为这是一个相关性的代理变量。

（二）以客户特征进行多重任务处理

将很多数量的客户特征只经过一次机会来进行审视是完全不够的。因为这个过程十分复杂，同时拥有共同特征的客户的数量本来就很少。

比如说，要搜索的客户年龄大多数在 20 岁左右，并且大部分人都是已婚，收入在 40 000～50 000 美元。这对于 20 岁左右客户的特征是不符合现实的，找到的客户数量很少。

在处理客户数据的时候经常会出现这种问题，如果用一些特殊变量来给客户分组管理的时候，只能得到非常小的客户组。

在营销中，营销人员需要将客户分组管理，根据客户的共同需求的偏好来划分，将客户划分成不同的类型叫客户区隔。这种区隔不需要是均等的数量或者均等的质量，因为划分的依据是客户的需求。被区隔在一个组的客户不一定要有一致性，会存在不同的差异。客户的区隔并不好定义，往往都是模糊的，因为这种区隔都是靠事前的分析才进行。在区隔的过程中，客户的分配十分复杂，需要营销人员集中精力观察分析区隔，也就是说营销人员需要重点关注客户组的特征，指导这些客户有哪些共同点，区隔之间的区别是什么。

站在营销公司的立场上，公司自然希望每一个区隔的客户都要具有亲和力，并且最好能够对品牌感兴趣甚至忠诚度较高。高亲和力的客户段组成要素包括不同年龄、生命阶段和其他的一些特征。比如说，儿童玩具的高亲和力客户一般都是做父母和祖父母的人。

第二节　数据化营销管理的分析方法

一、客户细分与定位

企业要制定产品生产或服务提供计划，首先要做的就是做好市场定位，确定产品或服务的目标人群，因此，客户细分与定位在企业的经营中极为重要。

（一）客户细分与定位基本概念

1. 客户细分

在 20 世纪 50 年代的中期，美国有学者提出了客户细分。这一理念的理论基础有两个，一个是因为顾客的需求总是不同的，只要客户的数量超过两个甚至只有两个，那么这些客户就会有不同的需求。顾客的需求和购买的行为具有多样性，不同的顾客满意度也不相同。另一个是企业的资源是有限的，单纯一个企业不足以支撑整个市场的需求，即使这个企业有大量的人力、物力和财力，但是市场的需求比一个企业的资源大太多，因此任何企业都不可能独占市场。这也是由企业的自身条件限制的，经济效益上，也是这样的结果。所以，企业在进行市场分析的时候要结合自己的情况和发展优势等区分出最适合自己、最有吸引力、最能有效服务的市场，将企业的资源倾注到这一市场划分下，运用科学的竞争战略来增加自己的竞争力，占据更多的利润。

将客户根据属性进行分组就是客户细分，客户细分十分重要，是客户关系管理的重要理论组成和管理工具。客户细分的流程包括开展分类研究、有效评价客户、合理配置服务资源等，无论是在理论上还是在实践上，都能帮助企业加强对客户的了解，获取重要的客户信息并进行客户价值的挖掘指导。不同的产品一般都不会是同一个客户群体，客户细分的依据包括顾客基础、消费收入、消费习惯等，通过这些依据对客户细分，针对不同的消费群体和消费者特点制定适合的品牌推广和营销策略，提高资源的利用效率。

划分客户群体可以利用大数据。不同的顾客有不同的购买行为和需求，所以，企业或者商家在营销的时候要根据不同的客户群体制定不同的营销策略，根据营销策略采取适合的营销行动。客户关系管理的核心概念之一就有客户细分，这种细分是企业根据客户的需求、偏好等特征，再加上考虑企业的发展战略和市场行情以及业务模式等为不同的顾客提供适合的、有针对性的产品。

客户细分的方法一般有两种比较常用，一种是对人口特征和购买历史进行细分，另一种是对客户、对企业的价值进行细分。

（1）根据人口特征和购买历史细分

在对消费者进行研究的时候，最常用也实用的办法是通过人口的特征和目标群体的购买历史进行调研，这样就可以得到有用的信息，分析顾客的购买信息和偏好等。一般来说，客户的忠诚度受到三方面的影响，一个是购买信息的渠道，一般来说，通过熟人或者自己信任的人推荐购买产品的顾客要比受广告影响购买的顾客要更加忠诚；第二个是价格，如果这个顾客购买产品是用标准的价格，那么就比在打折促销的时候来购买产品的顾客更加忠诚；第三个是中年人、有家庭的人更加忠诚，而流动性高的人群不易建立忠诚度。

（2）根据顾客对企业的价值细分

根据客户对企业的价值进行细分，是很多企业都在使用的方法。这种细分是目的明确，目标就定在能够为企业带来最大价值的客户。而如何衡量客户对企业的价值，这里面的方法有很多，需要计算客户的终身价值。什么是客户的终身价值？这一概念是指顾客在周期内为企业带来的利润贡献的折现总和。有两方面因素会影响到顾客的终身价值，一个是计算周期，另一个是就是贴现率。正常来说，周期和价值是正比的关系，如果贴现率不变，那么顾客作为企业的客户时间越长、周期越长，那么顾客的价值就越高，顾客的终身价值也就越大；贴现率和价值是反比的关系，如果周期是一样的，贴现率越高，企业的收益就会越来越低，顾客终身价值就越小。顾客的终身价值计算起来十分复杂，要十分详尽的信息才能准确确定。

数据库在当今的社会发展得越来越快，很多新兴的技术，比如说数据挖掘和数据仓储技术发展得势头更加迅猛。顾客的价值评估也越来越影响企业的战略判断。顾客价值的市场细分在金融服务、电信服务等部门领域的使用越来越多，能够发挥更多的优势。客户细分需要一定的流程，按照流程进行才能找出最适合的客户群体。

基于大数据的客户细分包括五个步骤：

第一，客户特征细分。客户的需求一般受其社会和经济身份影响，通过对其社会和经济背景所关联的要素进行细分来达到对客户的特征进行细分的目的。这些要素有很多，包括地理因素、社会因素、心理因素和消费行为等。

第二，客户价值区间的细分。不同类型的客户给企业带来的价值是不同的，对于那些不断为企业创造价值的客户和那些低频为企业创造价值的客户，企业所提供的产品和服务是不一样的。基本的特征划分之后，通过对客户进行高价值到低价值的价值区间划分，从而根据二八定律锁定高价值客户，精准聚焦利润主要来源。

第二，客户共同需求的细分。根据之前所做的客户特征细分和客户价值区间细分，分析每类细分客户群体的需求状况，提炼他们的共同需求，根据客户需求来精确定义企业的业务流程，从而为每一个细分的客户市场提供差异化营销服务。

第四，选择细分的聚类技术。目前市场上多采用聚类技术来细分客户，常用的聚类方法有 K-means 聚类、神经网络等，根据不同的数据情况和业务需要，企业要选择不同的聚类算法来细分客户。

第五，评估细分结果。细分并不是一步到位的，在对客户群进行细分之后，根据市场实际情况，企业的业务人员往往会发现并不是每个细分的客户群体都是有效的，要根据业务目标、可理解操作性程度、细分基数的大小等因素进行判断。

2.客户定位

客户关系的管理中有一个重要的内容就是客户定位。客户定位包括确认和审查两个步骤，先找出"真正"的客户，确定客户的产品和位置，调查客户的开放程度，询问调研客户参与研究相关问题的意愿，最后是客户雇请咨询顾问的经历等。

客户定位除了包含找出"真正"的客户，还包括客户的状态、类型区分和消费经历等。

客户定位的方法大致上分为两种——属性分析和统计分析，之后会详细介绍一下属性分析的情况。客户定位的统计方法随着消费者对服务的个性化要求提高，营销统计的方法增多等原因越来越需要更多的方法可能。

客户定位的统计方法在现代越来越依赖新技术的发展，尤其是数据发展和数据挖掘等，这里包括传统的统计方法和非传统的统计方法，传统的包括聚类分析、因子分析和 CHAID 方法；非传统的包括神经网络方法、回归树方法等。

一般来说，客户定位策略实施步骤为以下四步：

第一，准确识别客户。一些大公司有非常广泛的客户基础，因数据庞大可能出现对客户信息不熟悉或者缺失的情况。通常情况下，如果不清楚客户的基本情况，便无法判断该客户的价值并准确对其开展营销活动。一些公司的大部分客户记录来自客户服务系统和客户数据库，还经常推出营销活动和会员专属活动来更新客户的数据信息，有一些公司选择使用来自战略合作伙伴或第三方的数据。无论哪种方式，企业都必须获得客户的真实身份，才能进行下一步的互动。

第二，在客户群中将不同类型的客户区分开来。一个客户能够为企业带来怎样的价值，其决定因素是这个客户对企业产品消费的增长潜力和对企业未来的长期价值。那么，企业如何评估客户的长期价值呢？可以从以下几点入手：客户为企业带来的平均收入、客户消费的产品是否为高利润的产品、客户的消费发展趋势等。按照这些因素再对客户进行分类的时候，最合适的方法是采用 Pareto 规则对客户加以区分，这样划分的客户群体才能在之后的营销中带来更大的收获。按照客户对业务的价值，可以将客户划分成不同级别的组，在同一个组的客户往往价值都是相似的。

第三，重视与公司有长期利益关系的客户。企业要注意持续建立一对一的关系，保持高质量的互动。企业必须善待最有价值的客户、价值增长最快的客户，让这些客户感受到企业对他们的重视，为他们提供好的产品和服务。为了使企业更有效地与最有价值的客户进行互动，有必要将客户划分为不同的组，每个组由不同的经理负责管理并开展相应的营销活动。经理的职责是在现有的客户基础上开发客户的长期价值，授予其适当的权利来改进业务，以支持其工作满足客户的需求。

第四，为提高客户对产品的满意度，增加客户的忠诚度，要不断增加制定个性化的产品和服务来满足不同客户的需求。尤其是对本企业最有价值的客户群体，企业要专门对这些客户提供更加优化的个性服务。在以往的营销经历中，客户一般都是被动的自我接触或者通过中介的介绍来接受企业的产品和服务，很少有和企业直接互动的机会。但是如今凭着互联网平台的不断发展，企业可以和客户以及供应商之间建立联系，通过网络的联系方式建立交互式关系，根据客户的定位来为客户提供个性化的定制产品和服务。

（二）客户属性分析

大数据时代是网络营销的时代，在进行网络营销的时候要采用十分精准的完美算法模型来进行统计分析，同时也要精准定位客户的属性。

企业要尽力对客户进行精准定位。客户定位中更加强调个性，并不是一个产品或者服务都能适合所有人。可能一些大的有实力的企业能够做到这一点，将每个潜在的客户发展成真正的客户，但是对于那些刚刚发展的企业，精准的目标客户群体是最适合的发展方式，因为这种精准定位才能将目标群体缩小，降低风险。所以企业发展的第一步就是选择客户，精准定位客户，了解客户的需求，有针对性的营销。

一个事物如果按照不同的角度来进行分析会发现有不同的属性，比如说性别、年龄、职业等。在营销中心还可以将客户按照需求进行更加细致的分类，比如说客户是否结婚、有没有子女等，有些时候需要在营销策略中加上对客户的引导方法，这样才能获取更多的有效信息。比较常见的例子是很多网站在用户使用注册的流程中会设置很多重要客户信息的填写，当然这些信息都是网站需要的信息，在客户填写完之后会有一定的奖励，这种方式既能获得用户的好感，又能够降低成本，要在做网站的时候巧妙的设计。用户的属性也不是一成不变的，会随着时间的变化发生变化，比如婚姻状况、收入水平等，这种情况就需要运用更多的方式来更新完善客户信息。

1. 通用角度

从通用角度来说，客户的属性可以分为以下六种：

（1）基础属性

指目标用户的一些浅层基本信息，例如客户性别、客户年龄、所处地域、所在行业等。

（2）文化属性

指目标用户的受教育程度及生活中的一些文化娱乐偏好，例如学历等级、所处文化社团、平时喜好的活动等。

（3）经济属性

指目标用户的经济情况、消费水平，例如用户的经济收入、可支配收入、对品牌的敏感度等。

（4）社群属性

指目标用户在社会关系上的表现，例如社会交友、异性交往、社会合作等。

（5）硬件属性

指目标用户所拥有硬件设备及相关条件，例如计算机设备的使用、网络状况等。

（6）软件属性

指目标用户对网络及软件的熟练使用程度，例如用户对于某款产品是否经常使用等。

2. 特征角度

从特征角度来说客户属性分为两类：行为习惯特征属性、人性心理特征属性。

（1）行为习惯特征属性

行为习惯特征属性指目标用户在行为动作上的一些习惯和特征，既包括空闲还是忙碌、宅家还是经常外出、是否爱好运动、喜欢的交通工具、时间观念等整体行为特征；也包括具体动作的行为特征，如在工业设计方面侧重人机工程方面，更关注研究人具体动作的行为特性，包括坐姿、卧姿、手持方式、手持时间等。

另外，还可以从用户的日常生活习惯中进行提炼，包括口味、饮食习惯、作息规律等。这部分可根据实际产品的用途和作用，对涉及用户所处环境、行为习惯进行分析。

（2）人性心理特征属性

目前主流的互联网产品主要基于用户需求而设计。用户需求的背后，是人性在发挥无形的作用。若能充分利用人性的特点，则可以满足制定产品战略和商业目标的需要，从而获得成功。

3. 客户的静动态角度

从客户的静动态角度出发，客户属性大致分为以下几类：

（1）外在属性

外在属性是客户所在的组织等一系列环境信息，包括客户的地域分布、客户处在哪一些组织当中等信息。这种数据在互联网时代是容易获取的，但是比较粗略且价值有限。

（2）内在属性

内在属性是指客户由内在因素决定的属性，比如说客户的年龄、性别、收入、价值取向等。如果清晰地掌握客户的内在属性，就更加容易刻画出客户的整体形象，从而为客户进行分类定位，而且这种定位一般来说是比较细致的，但是可能还不够精准分类的要求，如果想要精准定位，就要挖掘客户更加深入和准确的信息。

（3）消费属性

消费属性指的是客户的最近消费状况，比如说消费的频率、消费的品类和金额等，一般会在财务系统中找到这些指标。客户的消费属性不同，需要根据属性制定相应的消费策略。根据消费属性虽然可以得到消费的能力，但是消费属性分析客户也有局限性，因为只有当客户产生了消费的行为才可以看到客户的消费属性。

（三）大数据在客户细分与定位中的应用

客户细分上面我们已经简单了解过了，它就是指在一定的商业模式和特定的市场环境中，根据客户的属性、需求、行为、价值等对客户进行分类，针对不同的分类来为客户提供适合的产品或者服务。客户的属性总是不同的，需求也是不同的，呈现多样化的属性，企业如果为了有效营销，就必须根据不同的客户需求按照不同的标准来对客户进行细分。企业为了获取最大的利润和更加长远的发展，就要更加对价值最大的客户群体进行重点关注，分析客户的真正需求，采取目标营销，合理分配资源，争取价值最大的客户群体。客户细分完成之后，企业可以在整体上确定未来的利润点。细分的步骤有六个：

1. 商业理解

在进行客户细分的准备工作的时候，要多思考，集思广益，这样才能得到更多的信息。比如说，一家零售企业打算进行新品推广，在这之前也进行过几次推广的活动，但是由于方案效果不佳，所以本次活动另辟蹊径，决定抽取一部分会员的数据进行细分，采取精准营销的方式，这样既能够降低成本，还能够提高转化率，这里所采用的就是降低营销成本，提高转化率的大致细分的步骤。

2. 数据理解

在进行数据理解分析的时候，要先从业务理解的基础上选择出合适的变量，然后为这些变量设置好指标：第一，行为指标，包括购买频率、金额、使用次数、使用量等；第二，属性指标，包括客户的年龄、性别、职业等；第三，时间指标，包括年费用户、包月用户、适应时间等；第四，地理指标，一般都是根据业务的范围来确定的，假如业务面比较广，可以按照大区来划分指标，比如华东、华北等，假如业务面比较小，可以采用行政区域划分，比如省市、区县等指标；第五，渠道指标，购买的渠道比如实体和线上，还包括购买渠道的规模和信用等。

3. 数据获取

想要获取数据可以有很多种来源和方法，最常见的来源是企业自己的数据积累，比如说大部分企业都建立自己的数据库，营销人员可以从企业的数据库获取客户数据和各种信息，但是在得到数据之后还要根据自己的需求对数据进行更加细致的整理和筛选，得出最有效的数据信息才能获得更好的效果，然后找出数据最重要的变量进行整理汇总，之后再运用各种技术和方法进行指标的筛选，筛选出可以用来建模的变量数据。

4. 数据建模

数据建模的方法也有很多，这里面有很多划分标准，大体上可以分为事前细分和事后细分。在客户流失模型、营销响应模型中就是属于事前细分，这类模型就是根据已有的历史数据进行客户的分类，然后对未来的营销进行预测，将这些客户打上预测客户的标签。事后细分则自然在事后进行，这种细分的特点是要考虑到细分后的各个维度，建立的模型会对每个样本和客户进行标签分类，这样在之后的营销中就可以根据标签来获取客户的各种差异信息，比如说性别差异、年龄差异等，从而帮助营销人员更快找到目标客户。

5. 特征刻画

将用户的特征刻画出来的基础是每个群体的特征，可以给每个群体起一个有代表性的名字，并且要对每个群体的特征进行描述，分析出群体的特征。比如说在电子商务领域，根据用户的购买量、购买产品的类别等进行细分，将客户分为活跃客户、优质客户等类型。

6. 调研验证

完成细分的步骤之后，就要根据细分的结果进行实地的市场和用户调研，来检验细分的准确性，同时也能起到发现潜在营销点的效果。

二、客户行为及特征分析

基于数据的客户行为分析就是企业或者商家在拥有客户基本情况和行为数据的情况下，通过一系列技术手段对有关数据进行统计、分析，从这些数据中发现用户的一些行为规律，再将这些规律和公司的营销策略结合起来。

（一）客户分类

客户的行为都有其独特性，在分析客户的行为之前要先对客户进行大致的粗略的分类。客户分类的技术使客户的属性和价值能够有效地识别出来，同一类型的客户都有其相似性的行为，但是不同类型之间的客户行为具有很大的差异。

客户分类的作用十分重要，分类之后企业可以对客户形成一致性的有效识别，同时也可以根据得到的有效信息进行有效的客户管理，更好地进行资源的配置和制定适合的营销策略，企业可以提供更加个性化和专业化的营销服务。

客户分类在进行客户消费行为分析时也可对客户的消费心理得到更多的了解。在营销产品时可以为客户提供个性化的产品内容，在制定营销方式时也可根据客户的消费心理制定不同的营销方式。进行客户分析的前提就是客户分类。客户的数据进行分类之后，可以提高营销方案制定的效率，使其更具有针对性，获得更多的有效的结果。

客户分类的方法常见有分类和聚类的方法。

分类的方法是提前整理好分类的类别，比如说按照客户的价值可以分成高价值客户和低价值客户，也可以分为长期固定消费客户和短期偶尔消费客户。之后找出分类因素，提取具有相关属性的客户数据，选择一种或多种合适的算法对数据进行处理，得到分类规则。在进行评估和验证之后，针对那些没有分配类型的客户采用这种分类的规则，达到有效分类的目的。

聚类和分类的区别在于有没有监督，聚类属于有监督，分类属于无监督。数据的效果呈现出来之前，数据分析的人员不会先设定具体的分类标准，要从样本上进行自动的分类。数据的聚类完成之后对不同类别的数据进行分析，这样才能得到不同类别客户的特征。

1. 营销的角度

从营销的角度来看，可以将客户分为以下四类：

（1）经济型客户

经济型客户往往由于经济限制或者其他原因，消费能力不是很强。他们通常不愿意也不会将太多的时间和精力放在消费娱乐方面，对于消费，他们看重的更多是性价比或者低廉的价格。部分经济型客户只追求价格最低而不十分注重产品质量，往往在同类商品中优先选择低价产品。而有些经济型客户在价格的基础上也注重商品质量，不仅追求价格低廉，也希望质量过关甚至质量较好。

（2）道德型客户

道德型客户往往具有一定的经济基础或者由于其他原因更加注重商品品牌或者企业文化。他们在消费过程中追求品牌大、口碑好。这类客户注重企业文化和历史品牌，也比较喜欢社会责任感较强的企业。比起商品的功能属性，他们更加看重一件商品的文化内涵和品牌历史。

（3）个性化客户

个性化客户的消费在价格和品牌历史方面没有太多的要求，这类客户的消费常常没有定性，很多时候会根据产品体验进行消费，企业对这类消费者可选择精细化营销策略，把对人的关注、人的个性释放及人的个性需求的满足放在首要地位。

（4）方便型客户

方便型客户在消费过程中追求的是购买过程的便利性，比如，支付方式是否多样便捷、产品选择是否方便、收货方式是否便捷等。这类客户一般没有太多的时间花在消费上，但这类客户的消费潜力是不能忽视的，所以企业在面对这一类型的客户时要带给他们方便快捷的购物体验。

2.管理的角度

从管理的角度来看，可以将顾客划分为四类。

（1）常规客户

常规客户是企业客户关系管理中最主要的一部分，这部分的客户消费比较随机，更加追求实惠，能够直接决定企业的短期收益。

（2）潜力客户

潜力客户和企业的关系比较稳定，往往会和企业建立战略联盟或者和企业成为伙伴。潜力客户在企业营销份额中并不是最主要的部分，但是随着潜力的发展，这部分客户的购买利润会逐渐增加。潜力客户在企业的客户关系管理中属于核心部分，要十分重视。

（3）关键客户

关键客户在企业关系中较为稳定，这类客户虽然在客户的总人数中不属于大头客户，但是依据帕累托法则，这类客户的利润在所有客户中是最大的。

（4）临时客户

临时客户也就是一次性客户，多是属于常规客户的一部分，这些客户的利润具有随机性，购买行为是偶然的、临时的。

（二）影响客户行为因素分析

消费者的行为受到不同因素的影响会不断发生变化，主要是宏观方面的社会经济环境和自身的生活等因素，消费者的消费行为发生改变势必会影响数据的变化，需要不断地更新。所以要不断了解消费者的各种影响消费的因素，帮助其更好地定位。

我们通常将影响消费者行为的因素分为两大类——个人因素和环境因素。然后将这两类因素再进行细分，个人因素可以分为生理因素和心理因素，环境因素可以分为经济环境因素、法律政治因素、科技环境因素、文化环境因素。

1.生理因素

生理上的需求、生理的特征、身体健康的状况等各种生理上的因素都会引起消费者的行为改变。比如说，一个客户本来特别喜欢吃甜食，所以在网上经常购买甜食，但是突然有一天该客户身体被检查出患有糖尿病，那么出于身体健康的考虑这个客户基本上就不会再购买甜食了。

同时，性别、年龄等生理因素也会影响客户的购买行为。男性与女性的购物行为存在着较大的不同。例如，男性网络消费者在购物时理性购物，往往会做出谨慎的购买决定；而女性网络消费者购物则具有更多的情感成分。此外，男性网络消费者的自主性更强，他们倾向于自己去找到关于价格、质量、性能等方面的信息，然后做出自己的判断；而女性网络消费者在做出购物决策时更依赖于他人的意见或评价。

互联网用户的主体大多都是年轻人，这些消费者更有好奇心，更为冲动，更愿意表达自己。他们喜欢追逐时尚，表达自己独特的个性。这些特点体现在时尚消费行为和个性化消费上。因此，一些时尚或个性化的商品更受年轻消费者的欢迎。中老年客户在选择产品时更注重质量、品牌和性能。

2. 心理因素

消费者在购买中获得了自己需要的满足感所产生的思想意识就是消费者心理，这种心理支配消费者的购买行为。消费者购买的心理因素有动机、感受、态度和学习。

顾客之所以购买产品或者服务是为了获得物质和精神上的需求，也就是顾客的购买动机。影响顾客购买行为的动机有很多，包括个人的情感因素。消费者能够在认识商品和自身真正需求的基础上进行购买是理性的、客观的。当然也有很多客户在购买一些产品的时候会依照平时的购买习惯选择产品，这也是消费者务实、安全的心理体现，习惯性的产品能够给顾客带来信任感和偏好，最终形成习惯重复的购买动机。

外部的刺激和不同情况的感受会影响客户的购买行为，简单点说就是客户对外部环境的感受会对购买行为产生影响。顾客的情感是一种选择性的心理过程，一般来说顾客会对一些产品产生有选择性的注意，有时候也会产生选择性的误解。

顾客对商品产生什么样的态度与很多因素有关，包括与商品直接的接触、他人的影响、家庭教育和自身的经历等。顾客的态度有三方面的内容，包括信念、感受和意向，这三方面的内容都会对购买行为产生影响。在长期的购买实践中，顾客会越来越熟练和积累经验，这样就可以根据自己的经验调整购买行为。

心理因素可能来自顾客对某事的心理顾虑。例如，正在使用或用过某种品牌牙膏的消费者，看到一则新闻报道说该品牌牙膏可能含有有害物质，他就会减少甚至停止使用该品牌牙膏，不管新闻是真是假。

3. 经济环境因素

按照经济学理论，物价和销量成负相关关系。但是对于一些生活必需品，价格的上涨和下调其实并不太影响消费。购买者的收入水平尤其是可支配收入会影响消费者的消费行为。这里要说明的是由于影响消费者进行非生活必需品消费的两个主要因素就是消费欲望和可支配收入。一般情况下，消费者的可支配收入越高，那么可购买的商品就越多，消费的结构和层级也会发生变化，消费升级。

在宏观方面，经济形势的变化和预期也会影响客户的购买行为。当发生通货膨胀的时候，货币的购买力就会下降，在通货膨胀来临之前，人们有一定的膨胀预期，就会体现减少一些非生活必需品的支出，生活必需品的支出会增加。这种通货膨胀不仅会影响购买行为，还会影响消费观念，人们的消费观念会更加保守，并且这种保守的消费观念会影响今后很长一段时间的消费行为。在 20 世纪 30 年代产生的全球经济危机就对人们的消费观念和投资观念产生了很大的影响，人们过度保守，在这一时期出生和成长的一代也被称为"萧条婴儿"。金融危机来临时，经济不断下行，客户的消费心理和行为都会受到影响，会更加谨慎地看待消费，更加敏感产品的价格，也更加追求经济实惠的商品，甚至更多的客户会采取线上购物。

4. 法律政治因素

法律告知人们可以做什么、不可以做什么、必须做什么，对消费者购买行为也有很大影响，主要包括禁止和限制两种形式。出于对国家和社会负责任的考虑，国家法律明确消费者不应该做什么，指出了消费的禁区。在这个消费的禁区，即使消费者有需求和购买动机，当购买行为是违法的时候，执法人员会对消费者和生产者进行监督。同时，法律也会对消费者的购买行为做出一定的引导。

5. 科技环境因素

现代社会，经过科技革命的推动，科学技术的发展步伐也越来越快，这种科技的进步会影响消费者的消费，增加了多种多样的消费内容，消费的数量也得到了增加，消费的方式也发生改变。首先，科技进步促进消费方式的转变，消费的形式越来越多样化，实体店遭到了冲击，网上购物成为消费的主流，甚至出现了

"线上下单线下自提"等多种消费方式。其次，消费内容也不断增加，消费品类增多，可以满足多样化的消费需求。

6. 文化环境因素

文化环境因素，如社会的道德观念、文化背景、生活习俗等都会影响客户的购买行为。客户行为和文化之间的关系是双向的。一方面，在某一时期，同当时占主导的文化相一致的商品更有可能被客户所接受；另一方面，在某一时期，某种文化所引发的新产品的研究和革新为当时的流行文化提供了窗口。

亚文化、社会阶层文化也不容忽视。亚文化是社会中某些群体独有的价值观和行为模式，这些独特的文化和行为模式与这一群体的身份、地位、居住区域等密切相关。这部分群体也是企业的重要细分市场之一，要注意满足不同亚文化客户需求。

社会阶层可以划为多个社会等级，按照一定的标准比如教育水平、收入水平、职业等进行划分。如果处在同一个社会阶层，那么很有可能有相同的价值观、生活方式和生活习惯，这些特征都会影响消费者的购买行为。

（三）顾客忠诚度分析

顾客忠诚度，也称为顾客黏性，指的是顾客对某一特定产品或服务产生好感倾向，导致"依赖"偏好，进而导致重复购买。高忠诚度的顾客也会向身边的朋友和家人推荐产品，产生口碑效应。顾客忠诚度是指顾客对公司产品或服务的依恋或热爱，这种热爱主要通过顾客的情感忠诚、行为忠诚和意识忠诚来实现。

其中，情感忠诚的特征是顾客对企业文化理念、行为和企业形象的高度认同和满意，行为忠诚是顾客对企业产品和服务进行再次消费时的重复购买行为，而意识忠诚是消费者在未来仍然愿意购买企业的产品或服务的潜在意愿。因此，由情感、行为和意识构成的顾客忠诚侧重于对顾客现在及未来行为趋势的评价，并通过这种评价活动的开展来反映企业在现在及未来经营活动中的竞争优势。

顾客的忠诚度影响着企业的利润，并且是重要的影响因素，决定着企业的利润是否能够持续增长。传统的企业经营理念往往只是为了和客户建立交易的关系，但是这种理念并不利于提高客户的忠诚度，面对竞争压力的日益增加，企业必须寻求和消费者建立良好的合作关系的理念，采用用户的思维，增加消费者的忠诚度，实现可持续的利润增长。

1.培养客户忠诚度的五大因素

使顾客对企业产生好感并将好感转化为客户的忠诚度有五大关键因素。

一是提高产品或者服务质量，主要从售前静态的高产品质量、售中的流程设计提高服务水平、售后保障入手。

二是提高服务效果，即提高客户内心感受的满足度，在消费者购买商品的一般心理过程，即对商品的认识过程、情绪和情感过程、意志过程中做好服务。

三是加强对客户关系的维系，在与客户的互动中形成比较稳定的结盟关系。

四是持续的理念灌输，要将从产品本身到产品背后的文化品牌等要素向客户持续地灌输，以保持并提高客户对产品的认同感。

五是通过一系列企业活动对客户心理进行良性刺激，让客户形成购买产品或服务后的增值感受。

2.提高客户忠诚度的原则

企业要做好客户服务和提高客户忠诚度应遵循 10 个原则，只有掌握了这些原则，企业才能通过服务提高产品的附加价值。

（1）控制产品质量和价格

产品质量是企业发展、提高客户忠诚度的根基。世界上许多品牌产品的发展历史无一不显示，客户对品牌的忠诚一定程度源于产品的质量，只有高质量、高品质的产品能真正建立客户对产品的信任，对企业产生好感。当然，只有高质量的产品是不够的，合理的产品定价也是提高客户忠诚度的重要手段。企业要以获得正常的利润作为定价目标，必须坚决放弃追求短期暴利。

（2）了解公司的产品

企业必须让销售和售后服务人员充分了解公司的产品，从而让相关人员更好地向客户传授产品知识，提供相关服务，使公司能够赢得客户的信任，同时，服务人员应主动了解公司的产品信息及销售信息，并尽量预测客户可能提出的问题。

（3）了解公司的客户

应该尽量了解相关的客户，这样才能提供最能满足他们消费需求和消费习惯的好产品和好服务。当客户了解了公司服务流程和方式之后，服务流程就会更加顺畅，服务时间也会更短，服务产生矛盾的可能性也会降低；企业为每个客户提供服务的成本将会降低，公司的利润将会增加。

（4）提高服务质量

公司的每一位员工都应该努力为客户创造愉快的购买体验，并始终努力把工作做得更好，从而超越客户的期望。经常接受公司服务并对公司感到满意的客户会积极地促进公司的业务推广，并将公司的服务推荐给朋友、邻居、业务伙伴或其他人。

（5）提高客户满意度

在某种意义上，客户满意度是衡量企业经营好坏的一种手段。真正了解客户最需要什么以及对他们最有价值的是什么，然后通过客户满意度调查、访谈等方式调查客户从这些服务中获得愉悦体验的情景。

（6）超出客户的心理预期

为客户提供其所期望的甚至是意想不到的服务，识别行业中的常规做法，然后寻找常规之外的机会为客户提供惊喜。高水准的服务将为客户带来更多的选择，公司的竞争对手可能会紧随其后效仿，但只要公司继续改善服务，这种惊喜所带来的销售先机就不会消失。

（7）尽量满足消费者的个性化需求

一般情况下，公司根据自己的调研结果或经验来预测目标顾客的行为，但事实上，所有客户调研和销售经验的积累都有局限性，预测也存在局限性。因此，公司必须转变营销的思维，注重满足客户的个性化需求。

（8）正确处理客户问题

如果想要和客户建立长期友好的合作关系，面对客户的投诉和建议就一定要认真对待，正确处理。一般的客户并没有时间和精力去对企业的产品提出自己的意见和建议，很多消费者如果对产品不满意就直接在下次消费时转而选择其他企业的产品了，不会浪费自己的时间来提建议，所以，企业要在这方面重视起来，建立好接受投诉和建议的渠道，让客户更加方便地反映自己的问题，并且面对客户的投诉要认真对待，耐心解决，让客户满意。

（9）让购买过程变得更加方便快捷

现代的生活节奏很快，人们的时间和精力都很有限，消费者不会花费大量的时间来购买产品，尤其是日常消耗品，所以企业要考虑到这点，简化客户的消费过程，简化商品的陈列，减少客户不必要的参与，让服务的流程更加简单、高效。

（10）做好员工服务

员工在消费、客户服务的环节十分关键，是外部客户服务链条的重要一环。一家企业，如果连自己员工的基本需求都满足不了，那么员工也不会全心全意地投入工作，以负面的情绪进行工作时很容易影响对顾客的服务，会让客户对产品或服务的信任度下降，甚至造成客户的流失。

（四）客户行为分析数据源

计算机会在处理各种程序的时候将用户的行为定义成不同的事件，这样便于对用户进行分析。比如说，用户在网页进行搜索，将这个搜索的行为定义为一个事件，那这个事件的内容就包括搜索使用的平台、搜索的时间、搜索的 ID 是什么、搜索的内容等。上述这种定义的事件会随着现代信息技术的发展越来越多，并且在速度上也会不断提高。

在掌握了详细的用户行为数据之后，企业就可以根据这些数据进行营销的分析。比如说当客户第一次使用这个购物平台，那这个客户就属于该平台的新用户，新用户都要在平台上进行信息注册才能使用后续的购买功能，所以企业在用户注册的环节要设定客户基本信息的填写。顾客注册成功后在平台浏览商品或者购买产品，这些数据都可以用大数据来捕捉，形成客户的形象，然后进行精准的营销。

精准的商品推荐和营销都离不开数据的支持，这里涉及一个问题，怎样去检测和收集客户的行为数据呢？最常用的方法就是通过监测代码去定义用户的行为事件。在企业需要获得用户行为数据的环节编写一段监测代码。比如说，在用户的注册、浏览和购买等环节放一个监测代码，这样就能够实时监测用户的各种消费行为，收集数据。在企业想要了解的环节进行代码检测来获取数据的行为叫作"埋点"，"埋点"的方式十分有效，不足之处是需要大量的人工和精力的投入，但是面对日益激烈的商业竞争，很多企业都采取了这种方式。

当然除了"埋点"，还有一种方式也可以获得客户的消费行为，那就是网络爬虫。这种方式是一种自动程序，通过一定的程序设置来获取想要的信息。

当今社会，移动互联网的发展十分迅速，大量的信息都能够在互联网上搜寻，各种信息五花八门，海量的信息也使得信息的提取成为一个问题。怎样才能快速有效的提取到企业需要的信息是很多企业思考的问题。用户可以通过各种搜索引擎来进行信息的搜索，找到自己想要的数据。但是这种搜索由于其通用性，往往搜索的结果价值密度不高。面对多样化的客户群体和需求，搜索不能很好地满足用户的需求。另外，随着图片、视频等非结构化数据的大量增加，搜索引擎并没有连接这些数据的良好效果。

这些问题怎样得到解决呢？爬虫的出现正是应对这些问题的需要，其主要功能是定向抓取网页的数据信息。聚焦爬虫可以自动下载网页，根据设定好的目标有选择、有目的的访问各种链接，最终搜集到最需要的信息。

网络爬虫通过代码、爬虫工具等，获取网页上的数据信息。例如，可以通过网络爬虫获取淘宝某件商品的评价页面，获取客户对商品的评价，从而对商品的设计等环节做出改进。

网络爬虫可以监控电子商务、机票和酒店业的价格，利用网页数据爬取技术可以实时采集并更新这些产品的销售价格，从而实现价格监控。网络爬虫也可以挖掘客户的意见，通过对产品的评论数据爬取，进行相关的分词以及情感分析，就能清楚地知道客户对于自身产品或者竞争产品的意见。网络爬虫还可以构建机器学习算法的数据集，用户通过网络爬虫爬取相关的数据，然后训练机器学习，为人工智能做准备。

三、常见客户行为分析模型

（一）行为事件分析模型

行为事件分析法主要是为了研究某种行为和事件对企业组织价值的影响和影响的程度。企业可以根据分析的结果来追踪和记录用户的行为，比如说用户注册、浏览产品、投资等，通过这些事件来分析影响这些行为的因素，挖掘更深层次的信息。

在日常的运营中，与营销有关的运营、市场、产品和数据分析师都会对各种不同的事件指标进行关注，比如说最近哪种渠道的注册量最高，同时注册的变化趋势如何发展？不同时段人均的充值金额是多少？每天的独立对话是多少等，这些指标经过查看后要对行为事件进行分析。

行为事件分析方法具有多种功能，包括筛选、分组和聚合的能力，并且具有逻辑清晰和使用程序简单的特点，所以在很多的商业领域，尤其是零售行业被广泛运用。行为事件分析法主要分为三个环节，分别是事件定义与选择、多维度下钻分析、解释与结论。

（1）事件定义与选择

事件定义包括定义所关注的事件和时间窗口的长度，时间分析法最核心和关键的一步就是这一环节了。我们首先要了解"Session"是什么，Session在英文的意思是会话，这里的意思是指用户在指定的时间段内在App、Web上发生的一系列互动。比如说一次会话能够包括很多个网页，或者也可以进行多次的屏幕浏览、实践、社交活动和电子商务交易。如果人们想要知道各种指标，如"访问次数""平均交互深度""平均使用时长""页面平均停留时长"等，这时候就需要Session的参与才能进行，所以，创建和管理Session非常关键。

（2）多维度下钻分析

当行为事件分析能够支持任意的分析和经济化的条件筛选时，这就属于十分高效的行为事件分析了。行为事件分析能够合理配置追踪时间和属性，这种情况下能够对事件的分析激发更多的潜能，为企业回答变化趋势、维度对比等各种细分问题。同时，还可以通过添加筛选条件，精细化查看符合某些具体条件的事件数据。

（3）解释与结论

针对上一步骤分析出来的结果，后续要对这些结果进行合理的理论解释，从而判断数据分析的结果会不会和预期的相符。如果结果并不相符，那就要对这些不足的部分接着进行分析论证。

（二）留存分析模型

留存分析模型主要的功能是分析用户参与的情况或者用户活跃的程度，在面对用户的初始行为，考察分析会有多少用户能够继续后续的行为。这一模型能够考察出产品对用户的价值的高低。

一个新客户在未来的一段时间内是否完成了企业期许他完成的行为？某个社交产品改进了新注册用户的引导流程，期待改善用户注册后的参与程度，如何验证？想判断某项产品改动是否奏效，如新增了一个邀请好友的功能，如何确定是否有人因新增功能而多使用产品几个月？回答这些问题都需要用到留存分析模型。

科学的留存分析模型具有灵活条件配置，其根据具体需求筛选初始行为或后续行为的细分维度，针对用户属性筛选合适的分析对象的特点。留存分析具有以下价值：

第一，留存率能够判断产品价值的高低，也是这一信息的重要指标，能够看出产品是否有保留用户的能力。留存率的高低其实就能反映出转化率的高低，由初期的临时的、不稳定的用户逐渐转化为活跃用户、稳定用户、忠诚用户的过程。根据分析数据的变化，可以观察到不同时期的用户的变化状况，最终得到该产品是否具有吸引客户的能力。

第二，留存分析宏观上把握用户生命周期长度以及定位产品可改善之处。通过留存分析，可以查看新功能上线之后，对不同群体的留存是否带来不同效果，可以判断产品新功能或某活动是否提高了用户的留存率，结合版本更新、市场推广等诸多因素，砍掉使用频率低的功能，实现快速迭代验证，制定相应的策略。

（三）漏斗分析模型

漏斗分析更加注重流程性，能够科学真实的反映用户行为的状态和不同阶段用户转化率的情况。

在流量监控、产品目标转化等日常数据运营和分析的过程中，漏斗分析模型使用非常广泛。比如说在产品服务的平台上，用户想要进行直播购物就要先激活直播的 App，然后再进行账号的注册，注册成功后才能进入直播间，接下来可以和主播互动、买礼物消费等各个阶段，采用漏斗分析模型就可以分析出各个阶段的用户转化率，并能够通过分析出的数据找出问题，优化方向。

漏斗分析也十分适合应用在业务流程更加规范、周期比较长和环节比较多的业务分析，这样能够更加清晰地找到问题。这里需要说明的是，漏斗分析模型并不是简单的转化率的分析呈现，更多的价值还有很多。

第一，企业可以监控用户在各个层级的转化情况，聚焦用户选购全流程中最有效转化路径；同时找到可优化的短板，提升用户体验。降低客户流失率是运营人员的重要目标，通过不同层级的转化情况，迅速定位流失环节，针对性持续分析找到可优化点，提升用户留存率。

第二，漏斗分析可以多维度切分与呈现用户转化情况，能够展现转化率趋势线，能帮助企业精细地捕捉用户行为变化。提升了转化分析的精度和效率，对选购流程的异常定位和策略调整效果验证有科学指导意义。

第三，对不同属性的用户群体进行漏斗比较，从差异角度窥视优化思路。漏斗对比分析是科学漏斗分析的重要一环。运营人员可以通过观察不同属性的用户群体（如新注册用户与老客户、不同渠道来源的客户等）各环节转化率、各流程步骤转化率的差异，了解转化率最高的用户群体，分析漏斗合理性，并针对转化率异常环节进行调整。

科学的漏斗分析需要科学归因设置。每一次转化节点应根据事件功劳差异（事件对转化的功劳大小）进行科学设置。企业一直致力定义最佳用户购买路径，并将资源高效集中于此。而在企业真实的漏斗分析中，业务流程转化并非想象中那么简单。

那么，在漏斗设置时，转化归因应该"归"哪一个渠道呢？运营人员应该以实际转化的事件的属性为准。邮件营销的渠道在用户购买决策的全流程中对用户影响的"功劳"最大、权重较大，直接促进用户转化。在科学的漏斗分析模型中，用户群体筛选和分组时，以实际转化事件——邮件营销来源的用户群体的属性为准，大大提高了漏斗分析的科学性。

在进行漏斗分析时，尤其是在电商行业的数据分析场景中，运营人员在定义"转化"时，会要求漏斗转化的前后步骤有相同的属性值。比如，同一ID（包括品类ID、商品ID）才能作为转化条件，如浏览iPhone6、购买同一款iPhone6才能被定义为一次转化。因此，"属性关联"的设置功能是科学漏斗分析不可或缺的内容。

（四）用户路径分析

对用户在平台或者网站上的访问路径进行分析就是用户路径分析。一般在明确网站优化效果和营销的推广效果的时候，或者想要了解用户的行为偏好的时候就要采取用户路径分析。

以电商为例，买家从登录网站或者App到支付成功要经过首页浏览、搜索商品、加入购物车、提交订单、支付订单等过程。用户真实的选购过程是一个交缠反复的过程，例如提交订单后，用户可能会返回首页继续搜索商品，也可能去取消订单，每一个路径背后都有不同的动机。与其他分析模型配合进行深入分析后，能快速找到用户动机，从而引领用户走向最优路径或者期望中的路径。

用户路径的分析结果通常以图形展现，以目标事件为起点/终点，详细查看

后续 / 前置路径，可以了解某个节点事件的流向。总的来说，科学的用户路径分析能够带来以下价值：

第一，采用用户路径分析可以让用户流可视化，这样更加方便对于用户整体的行为路径进行清晰的了解。用户路径分析之后，可以清晰地观测到相应事件的上下游。用户也能够查看当前节点事件的信息，包括事件名、分组属性值、后续事件统计、流失情况、后续事件列表等。运营人员通过路径找到不同用户行为的关系，迅速找到问题的突破口。

第二，采用用户路径分析还有一个功能就是能够定位影响转化的主次因素，这样就能够便于产品的优化。用户路径分析能够清晰地看到用户从登录平台到购买产品的整个行为，找出其中的主次路径，同时也可以根据每个环节中不同的转化率，分析出用户的行为规律和有什么样的偏好，另外可以检测和定位用户路径出现的问题，找出影响的主次因素，有些时候还可能挖掘出一些尚未发现的功能和信息。

（五）用户分群数据分析法

用户分群数据分析法主要是对用户进行画像，企业在进行数据分析和精细化运营的时候会先进行用户画像。将用户信息贴上标签，也就是用户分群，再将用户的各种属性比如说历史行为路径、行为偏好等进行属性的划分，然后再进行后期的分析。

漏斗分析系统能够分析出来的信息主要是用户在不同的阶段表现出不同的行为，比如说新用户的关注点和用户第二次付费的原因等，但是用户所涵盖的范围是非常大的，会出现不同的群体特征，用户的行为也会千差万别。所以，需要运用历史数据将用户进行划分，具有统一特性和规律的用户群体可以归为一种类型，分群完毕之后再对不同的群体进行观察分析。

一般来说，用户分群可以分为两种——普通分群和预测分群。普通分群是依据用户的属性特征和行为特征将用户群体进行分类；预测分群是根据用户以往的行为属性特征，运用机器学习算法来预测他们将来会发生某些事件的概率。下面分别从两个场景介绍这两种用户分群方式：

（1）普通用户分群——分析用户属性与行为特征

以直播产品行业为例。高黏性与高频消费用户的行为观察是产品经理和运营人员的工作重点。例如某运营人员可以筛选出过去 30 天内、等级 10 级以上、有"留言"和"点赞"行为，并且付费礼物送出次数超过 10 次的用户，视其为高黏性且高频消费用户，对其进行分群定义后展开数据分析。

通过高黏性与高频消费用户近期的行为观察不同用户群体近期的行为表现，从而可以看出该用户群体的人均观看时长与其他用户存在一些差别，如高频花费用户与非高频花费用户观看时长人均值对比。

（2）预测用户分群——通过机器学习算法预测事件概率

互联网金融产品常常会用到预测用户分群的功能。互联网金融客户按照风险投资偏好这一属性分为保守、稳健和激进，按照投资行为可分为已投资和未投资。

运营人员可以根据这一属性和行为将满足某种条件的用户群体提取出来，譬如激进型但未投资的用户群体，然后分析这一群体的行为特征从而优化产品促进用户投资，或者根据其浏览的项目页面推荐用户可能会感兴趣的项目。

（六）点击分析

点击分析具有分析过程高效、灵活、易用、效果直观的特点。点击分析采用可视化的设计思想与架构，简洁直观的操作方式，直观呈现访客热衷的区域，帮助运营人员或管理者评估网页设计的科学性。

在追求精细化网站运营的路上，企业对用户点击行为的可视化分析提出了更高需求，理想的点击分析方法主要分析以下方面：

第一，精准评估用户与网站交互背后的深层关系。除了展示单个页面或页面组的点击图，前沿的点击分析应该能够支持事件（元素）属性、用户属性的任意维度筛选下钻。运营人员可以按照事件属性和用户属性进行筛选，对特定环境下特定用户群体对特定元素的点击进行精细化分析；支持查看页面元素点击背后的用户列表，满足企业网站的精细化分析需求。

第二，实现网页内跳转点击分析，抽丝剥茧般完成网页深层次的点击分析。前沿的点击分析应支持网页内点击跳转分析，在浏览页面点击图时，使用者能够像访问者一样，点击页面元素即可跳转至新的分析页面，且新的分析页面自动延续上一页面的筛选条件。同一筛选条件下，运营人员可完成网页深层次的点击分析，操作流畅，分析流程简易、高效。

第三，与其他分析模型配合，以全面视角探索数据价值，能够深度感知用户体验，实现科学决策。无法精细化地深入分析，会让网页设计与优化丧失科学性。点击图呈现用户喜爱点击的模块或聚焦的内容，是数据价值最上层表现。将点击分析与其他分析模块配合，交叉使用，以多种形式可视化展现数据和分析结果，运营人员即可深度感知用户体验。例如，改版后，如何评估新版本对用户体验的影响；一处修改，是否影响其他元素的点击等。再如，A/B 测试时反复验证优化效果、选择最优方案等。

四、营销大数据分析

（一）营销大数据集成的基本概念

将几个比较分散的数据源的数据，使用逻辑的方式或者物理的方式集合到一个数据集合中就是数据集成。数据集成之后，用户就可以公开访问这些数据源。通过不同的技术和方法让数据源的数据整体上一致，可以提高信息共享的效率。

数据从形式上可以简单地分成两种，即结构性数据和非结构性数据。结构性数据方便储存，可用行和列存储，例如数据库中的表格或者生活中常用的 Excel 表格。除了结构性数据之外，就是非结构性数据、多媒体数据，如网页中的视频等。非结构性数据的来源十分广泛，现在，非结构性的数据收集和处理已经成为一个十分重要的问题。

在企业信息化建设过程中，因为受各种因素的限制，例如具体业务要求的不同、人力物力等物质条件的限制，业务数据的存储方式是不尽相同的。除此之外，每个层级的数据管理系统甚至数据库都有可能不同。因此，在面对异构数据源时，经常面临六个问题：

第一，数据的异构性。什么是数据的异构性？其包括应用系统的异构和数据存储模式的异构。一般来说，企业的数据来源主要是企业内部的应用系统，企业内部系统又包含业务系统、数据库系统等多种系统，这些系统的结构都是不一样的。尤其是在数据存储模式上，不同的存储模式和结构模式会让数据产生异构性。

第二，数据完整性。数据集成是为了使业务人员能够方便地访问结构统一的数据，从而将数据更好地应用到业务中去。这需要数据保持完整，不仅是数据本身保持完整，也需要数据之间关联关系保持完整。

第三，对集成性能的要求。传统的集成方法在剧烈变化的市场环境下已经显现弊端，企业数据的集成应用需要保证轻量快捷，使系统能够比较快速地适应数据源的多样性，同时保证投入较低。

第四，语义不一致带来的问题。信息会在语义上存在差异，在语言上，相同的概念可以采用不同的语言去诠释，不同的信息也能够表达出相同的语义，这样就容易造成数据集成的冗余，严重的结果可能会干扰数据处理的过程。

第五，权限问题。不同数据来源于不同数据库，这些数据库有着访问权限。为了这些数据库的安全，数据集成需要在获取数据的同时保证原有数据库的安全。

第六，集成内容的限制。数据的集成是存在选择性的，并不是将所有数据源的所有数据内容进行集成，也需要对集成的范围进行限定。

很多问题是数据集成的共性问题，例如数据的异构性、数据的完整性、数据集成应用的性能保证、数据不一致的处理，权限问题以及集成内容的限定需要根据企业实际情况做出选择，这六个问题是相互关联、相互制约的，需要联系起来考虑。

（二）营销大数据集成层次

数据集成可以分为基本数据集成、多级视图集成、模式集成、多粒度数据集成四个层次。

1. 基本数据集成

基本数据集成有很多问题需要解决。其中最难的问题就有通用标识符问题。同一个业务实体往往会存在于多个系统源中，所以有时候很难识别确认一些实体是否就是同一个实体，这样就会造成很多困扰。这类问题的处理方法一般就是隔离和调和。隔离保证实体的每次出现都指派一个唯一标识符。调和能够确定实体的相同个体，然后每当这个实体出现的时候进行捕捉，然后将所有的进行合并，当目标元素的来源很多时，可以指定某个系统在冲突出现的时候占据主导地位。

在基本数据集成中最常见的问题就是数据丢失，为了避免这种问题的发生，就是要为丢失的数据重构一个非常接近实际的估值进行替换。

2. 多级视图集成

多级视图集成可以帮助数据源之间进行集成。针对不同的数据源，底层数据表示方式为局部模型的局部格式，比如说关系和文件；中间数据表示方式为公共模式格式，比如扩展关系模型或对象模型；高级数据表示方式为综合模型格式。

视图的集成过程主要有两级映射：第一级映射是从局部的数据库中选择数据，然后再进行数据的翻译、转换然后集成为符合公共模型格式的中间视图。第二级映射是进行语义冲突消除、数据集成和导出处理，将第一级的中间视图转化为综合视图。

3. 模式集成

模式合并主要就是数据库的设计问题，设计者的经验决定了最终的设计效果，所以很难在理论中找到指导性的内容。

在实际的应用中，数据源的模式集成并不能和数据库的设计相提并论，数据库的设计往往是比较成熟的，但是它的经验，比如模型集成的命名、单位、结构等一些冲突的问题的解决，并不能完全适用于数据源的模式集成。

在互操作系统中，模式集成的基本框架比如说属性等价、关联等价等都属于属性等价。

4. 多粒度数据集成

多粒度数据集成属于异构数据集成，也是此类集成中最难解决的问题，理想的多粒度数据集成模式是自动逐步抽象。

数据综合或者说数据抽象是指将一些高精度的数据，以抽象的形式变成低精度数据，但是这些抽象后的低精度数据具有粒度大的特点。这种数据综合的过程从不同的多个较高精度的局部数据中来获取较低精度的全局数据源。这个过程的关键是必须对各个局部中的数据进行综合，然后找到提取主要的特征。这个过程也是特征提取和合并的过程。

数据的细化是指本来就有一定精度的数据通过技术来提取其中的精度较高的数据，其中的技术或者说方式主要包括时空转换、相关分析或者由综合数据变动中的记录进行恢复。数据集成的完成才能为后续的数据共享和决策打下基础。

（三）常见营销大数据集成方法

1. 模式集成方法

在构建集成系统的时候，需要将数据源的数据视图集成为全局模式，这样用户在使用的时候能够在全局透明模式下进行数据源的访问。全局模式描述了数据源共享数据的结构、语义和操作等内容。用户在全局模式下进行请求的提交，然后数据集成系统将提交的请求进行处理，转换成各个数据源在本地数据视图基础上能够执行的请求。这种方法的特点和优势就是能够为用户提供更加透明清晰的数据。

模式集成的方法主要面临两种基本问题，一个是构建全局模式与数据源数据视图间的映射关系，另一个是处理用户在全局模式基础上的查询请求。模式集成的方法主要包括联邦数据库和中间集成方法。

2. 数据复制方法

数据复制指的是将每个数据源的数据复制到和各个数据源有关系的数据源上，同时要做到数据的一致性，最终提高信息功效的利用效率。这种方式将数据源都放到一起，变成一个数据仓库，用户在使用的时候就像访问普通数据一样直接。

说到数据复制就不可避免地想到数据异构的问题，数据异构分为语法异构和语义异构。语法异构和语义异构从数据源建模时就已经出现差异。当数据源实体关系模型相同，只有命名规则不一样的时候，这种差异就会造成语法异构。语义异构在建模时采用的粒度划分不同的实体间关系以及不同的字段数据语义表示会出现，这样对数据集成的影响会比较大。

3. 综合性集成方法

模式集成方法为用户提供了全局数据视图及统一的访问接口，透明度高。但该方法并没实现数据源间的数据交互，用户使用时经常需要访问多个数据源，因此该方法需要系统有很好的网络性能。

数据复制方法在用户使用某个数据源之前，将用户可能用到的其他数据源的数据预先复制过来，用户使用时仅需访问某个数据源或少量的几个数据源，就会大大提高系统处理用户请求的效率；但数据复制通常存在延时，使用该方法时，很难保障数据源之间数据的实时一致性。

为了突破两种方法的局限性，人们通常将这两种方法混合在一起使用，即所谓的综合方法。综合方法通常是想办法提高基于中间件系统的性能，该方法仍有虚拟的数据模式视图供用户使用，同时能够对数据源中常用的数据进行复制。对于用户简单的访问请求，综合方法总是尽力采用数据复制方式，在本地数据源或单一数据源上实现用户的访问需求；而对那些复杂的用户请求，无法通过数据复制方式实现时，才使用虚拟视图方法。

4. 其他数据集成技术

数据集成技术还涉及其他许多技术方法，在这里简单介绍下网格技术以及本体技术。

（1）网格技术

现在，进行科学研究所要用到的数据分析、计算变得日益复杂，需要多种设备和多个系统的协作，为此人们提出网格计算技术，该技术试图联合网络中所有资源，为用户提供一种虚拟的巨型超级计算机系统。而数据网格技术的最终目标是建立异构分布环境下海量数据的一体化存储、管理、访问、传输与服务的架构和环境。数据网格技术主要解决的是在广域环境下分布的、异构的、海量存储资源的统一访问与管理的问题，可以很好地解决海量数据难以组织、难以处理的问题。数据网格技术是在计算网格技术的基础上发展起来的，对于数据集型的大型科学研究具有重大的科研和应用价值，它为广域的具有数据密集型或协作特点的大型科学应用和研究提供了支撑平台。

（2）本体技术

本体是对某一领域中的概念及其之间关系的显式描述，是语义网络的一项关键技术。本体技术能够明确表示数据的语义以及支持基于描述逻辑的自动推理，为语义异构性问题的解决提供了新的思路，对异构数据集成来说应该有很大的意义。在数据集成中，也经常采取本体技术和中间件相结合的方法，采用中间件架构，支持虚拟视图或视图集合，且不存储任何异构数据库中的实际数据。为了更好地解决语义异构，在中间件中引入了一个本体库。

五、营销大数据挖掘

（一）营销大数据挖掘的基本概念

在通常情况下，收集来的数据并不能直接当作信息来使用。这些数据一般都是粗糙的，就像工业原料一样，只有经过加工处理才能应用到商业分析中。而对数据进行加工处理的过程可以简单理解为数据挖掘的过程，加工处理的生产效率决定了这些数据对于商业决策所能够带来的价值有多少。数据的挖掘就是有组织、有目的地收集数据，将数据以最高的转换率转换为信息，从而在大量数据中寻找潜在规律以形成规则或知识的技术。

通过数据描述现状和预测未来状况是数据挖掘的两大基本目标，描述一般是通过计算机的无监督学习来实现，而预测一般是通过计算机的建模以及监督学习来实现。描述性分析主要包括聚类和关联分析，聚类是通过一定规则将样本分为不同类别，关联分析被用来发现数据集中数据之间的相关性。预测分析主要是分类和回归，分类是有类别定义前提下的一种分类，回归相当于样本和预测变量之间的映射。

数据挖掘的流程是一个重复反馈的过程，一般来说，数据挖掘主要通过业务需求的解读、数据的搜集、数据的预处理、模型的评估、模型的解释这几个过程来迭代处理数据。

1. 解读业务需求

所有的数据挖掘都是拥有使用场景的，数据要回归应用，所以数据分析挖掘师不能一味地追求算法模型的精美而忽略了对应用情景的理解，要积极与行业专家交流解读具体的业务需要，明白数据挖掘要带来怎样的应用价值，这个解读要贯彻在整个项目的全周期。

2. 搜集数据

搜集是数据挖掘的前期准备，大型公司的数据一般来源于自有的业务数据库。通常情况下，并不是所有数据都要收集起来的，通过数据抽样取得数据，在此过程中，就需要了解抽样过程中的取样分布，确保数据来源于一个分布。

3. 预处理数据

由于企业平时业务繁多等原因，数据不可避免地会出现缺失、异常等情况。

因此，在使用数据前需要对数据进行预处理，做好数据准备工作。

4.评估模型

在这一环节，需要对数据分析的模型和算法做出选择，如何在众多模型算法中找到适合的，需要反复进行测试评估。

5.解释模型

数据挖掘的目的就是用数据辅助决策，而数据经过模型的处理后得出了相应的一系列数据结果，需要根据这些结果结合具体的应用场景来做出表述，从而辅助决策。

（二）营销大数据挖掘的基本功能

大数据的商业化时代已经到来，不过，人们对大数据挖掘真正能给企业带来多少威力却并不是很清楚。大数据意味着大商机，对于企业来说，营销大数据挖掘产生的价值十分巨大。

1.分析用户的行为特征

在大数据时代，用户行为的分析可以从时间和空间两方面来处理。在时间维度上，营销大师菲利普·科特勒将用户的消费过程分为五个阶段，分别是消费者产生需求、进行商业信息的收集工作、购买方案的比较、做出购买决策以及购买后的行为过程。

从空间上来说，用户的行为特征可以从消费的主体、消费的对象、消费的地点、消费的时间、消费的原因、消费的数量这几个方面来研究，从而形成用户行为分析的体系框架。

现在，越来越多的企业不再将企业重心放在价格战或者日益同化的产品质量上，而是通过数据分析来对消费者的行为进行精准分析，从而把握客户资源。数据成为企业了解客户的一项重要资源，拥有足够多的数据就有可能做到比用户更了解他们自身的行为。

2.精准推送商业信息

在大数据时代，精准营销被越来越多的企业重视。精准营销是大数据最大的商业用途，但是真正能做到精准营销的企业很少，大多企业没有形成大数据营销的体系，经常出现消息投送无门、随意推送商业信息的现象，给用户造成了很多垃圾信息。

造成这些现象的主要原因是许多企业缺少详细的商业数据信息，再加上没有系统地分析企业既有的数据资源，使得精准营销常成为推销的灾难现场。企业要形成营销体系才能做好精准营销，比如，分析客户的信用卡记录可以刻画出消费者的消费水平从而为客户提供精准的信息广告。

通常，在实现精准推送商业信息之前，企业就需要弄明白"推送哪些信息、给谁推送、谁来推送、通过什么来推送、推送效果评估"这些问题。

要精准回答好这些问题，单独靠管理者和业务人员的感性与感知可能做不到全面考量，所以，企业需要对自己掌握的营销数据进行挖掘分析，分析出用户的行为特征，测量推送效果并进行相应的调整，以实现精准推送。

3. 占领商业市场

投用户所好是任何品牌市场竞争中必备的战术。企业产品在生产前必定要做市场调查，以此来判断该产品的市场需求、企业可以获得的利润等信息。所以，企业的生产要投用户所好，用户就是市场，用户所需就是市场所需。例如，现在的电影在公映之前都会在网上公布电影的预告片，电影公司通过预告片的市场反响，来确定下一步的宣传策略。

尤其当企业处于市场领先地位时，更要时刻了解用户市场、监控用户市场变化。

当企业处于商业金字塔顶端的时候，自己就成了众多竞争对手的目标，已经找不到合适的学习目标进一步提高自己，所以只有更加关注用户所好，不断推陈出新，才能不给竞争对手任何机会，才能一直占领市场。

4. 监测竞争对手与传播品牌

知己知彼，百战不殆。在商业竞争中，竞争对手在干什么是每个企业都想了解的。但是通常对方是不会公布自己的商业机密的，其他企业想要获取是很困难的。在大数据时代，即使对方不告知其商业机密，企业也能够通过大数据监测竞争对手的经营状态，从而调整自身的经营布局。

品牌的经营传播也可通过大数据分析来找准传播方向。现在很多企业都在利用大数据，例如进行传播趋势分析、互动用户之间的关系分析、流行内容的特征分析、口碑产品分析、消费者评论的正负情绪分类、产品属性分布等。

5. 客户分级管理

客户分级管理的概念就是根据客户对企业的利润贡献率等各个指标对客户进

行多角度衡量与分级，从而对客户享受的优惠进行分段管理。一定程度上，客户分级管理能提高客户黏性，尤其是对于新用户，其为了获得更多的权限与优惠，可能会频繁进行小额消费。随着时间的推移，用户可能会形成一种消费习惯，以此来适应该企业的商业模式。

客户分级管理能够提升企业客户服务水平，整合与记录企业每个业务部门接触的客户资料，之后通过分析和挖掘这些客户资料，深入了解客户的需要，发现企业的高价值客户，向客户提供更具针对性的产品服务，增强企业的市场营销管理能力，帮助企业制订合适的市场营销计划，并对各种推广渠道所接触的客户进行记录、分类和辨识，加强企业对潜在客户以及现实客户的管理，对企业的各项营销活动效果进行评价。

6. 改善用户体验

改善用户体验对于企业来说是一个永恒不变的话题，关键在于了解用户的真实情况及产品的具体使用情况，而这些情况都可以通过大数据获悉。大数据能帮助企业了解产品售后信息，并在产品出问题时，对用户进行适时的提醒。改善用户体验其实就是方便用户使用，例如雷朋眼镜为美国空军生产出了有倾斜反光镜面的太阳镜，给使用者提供了最大的视力保护。

现在葡萄酒市场上以螺旋盖封装的葡萄酒越来越多，对于服务者以及顾客来说，螺旋瓶塞的酒瓶在餐桌上很容易开启。新西兰和澳大利亚等国的葡萄酒行业已经进入了螺旋塞时代，很多酒商把螺旋塞应用在了他们整个的生产线上。这些从细节着于改善用户体验的例子还有很多，如通过大数据米检测用户产品使用情况并分析数据，细心发现问题，改善用户体验。

（三）营销大数据挖掘的常用方法

数据挖掘的方法多种多样，这里列举几个常用的方法，比如分类分析、回归分析、聚类分析、关联规则、特征分析、偏差分析、Web 页挖掘。

1. 分类分析

在数据库中找出一组数据，分析出这组数据的共同特点，然后按照分类模式将这组数据分为不同的类，这就是分类。分类的主要目的是将数据库的数据项映射到某个特定的类别。分类的应用十分广泛，可以在客户的分类、客户属性和特征分析、客户满意度分析等方面应用。比如说汽车零售商可以根据用户对车的喜好划分汽车的类型，这样便于后期营销宣传的时候将不同类型的汽车宣传资料直接发放到相应喜好的客户手中，这样的营销方式更加有效。

现在常见的分类算法主要有以下五种：

（1）贝叶斯分类

贝叶斯分类器的分类原理是通过某对象的先验概率，利用贝叶斯公式计算出其后验概率，即该对象属于某一类的概率，选择具有最大后验概率的类作为该对象所属的类。目前研究较多的贝叶斯分类器主要有四种，分别是 Naive Bayes、TAN、BAN 和 GBN。主要分类方法有决策树、KNN、SVM 法、VSM 法、Bayes 法、神经网络等。

（2）K 近邻算法（K—Nearest Neighbor，KNN）

KNN 最初由 Cover 和 Hart 于 1968 年提出，是非参数法中最重要的方法之一。根据距离函数计算待分类样本 X 和每个训练样本的距离（作为相似度），选择与待分类样本距离最小的 K 个样本作为 X 的 K 个最近邻，最后以 X 的 K 个最近邻中的大多数所属的类别作为 X 的类别。

（3）决策树归纳算法

决策树归纳算法是一个贪心算法，它以自顶向下的分治方式构造决策树，使用分类属性（如果是量化属性，则需先进行离散化）的递归并选择相应的测试属性来划分样本。测试属性是根据某种启发信息或者统计信息来进行选择（如信息增益）。

（4）支持向量机

支持向量机通过寻求结构化风险最小来提高学习机泛化能力、实现经验风险和置信范围的最小化，从而达到在统计样本量较少的情况下，亦能获得良好统计规律的目的。通俗来讲，它是一种二分类模型，其基本模型定义为特征空间上的间隔最大的线性分类器，即支持向量机的学习策略便是间隔最大化，最终可转化为一个凸二次规划问题的求解。

（5）神经网络算法

神经网络算法多为 BP 神经网络，BP 神经网络是一种单向传播的多层前向神经网络，除输入、输出节点外，还有一层或多层隐含节点，同层节点间无任何连接，由于同层节点上无任何耦合，故每层节点的输出只影响下一层节点的输出。

2. 回归分析

回归分析方法反映的是事务数据库中属性值在时间上的特征，产生一个将数据项映射到一个实值预测变量的函数，发现变量或属性间的依赖关系，其主要研究问题包括数据序列的趋势特征、数据序列的预测以及数据间的相关关系等。

回归分析方法被广泛地用于解释市场占有率、销售额、品牌偏好及市场营销效果。它可以应用到市场营销的各个方面，如客户寻求、保持和预防客户流失活动、产品生命周期分析、销售趋势预测及有针对性的促销活动等。回归分析主要研究的问题包括以下几点：

第一，判别自变量是否能解释因变量的显著变化——关系是否存在。

第二，判别自变量能够在多大程度上解释因变量——关系的强度。

第三，判别关系的结构或形式——反映因变量和自变量之间关系的数学表达式。

第四，预测自变量的值。

第五，当评价一个特殊变量或一组变量对因变量的贡献时，对其自变量进行控制。

3. 聚类分析

聚类分析是把一组数据按照相似性和差异性分为几个类别，其目的是使得属于同一类别的数据间的相似性尽可能大，不同类别的数据间的相似性尽可能小。它可以应用于客户群体的分类、客户背景分析、客户购买趋势预测、市场的细分等。

聚类的输入是一组未被标记的样本，根据数据自身的距离或相似度将它们划分为若干组，划分的原则是组内距离最小化，而组间距离最大化。常用的聚类分析算法有 K—Means 聚类、K—中心点聚类、系统聚类。

（1）K—Means 聚类

K—Means 聚类也叫快速聚类法，在最小化误差函数的基础上将数据分为预定的类数 K。K—Means 聚类算法原理简单并便于处理大量数据。

（2）K—中心点聚类

K—Means 聚类对异常值是敏感的，而 K—中心点聚类不采用簇中对象的平均值作为簇中心，而选用簇中离平均值最近的对象作为簇中心。

（3）系统聚类

系统聚类也叫多层次聚类，分类的单位由高到低呈树形结构，且所处的位置越低，包含的对象就越少，但这些对象间的共同特征就越多。该聚类方法只适合在数据量小时使用，数据量大时速度会非常慢。

4. 关联规则

关联规则分析也称为购物车分析，最早是为了发现超市销售数据库中不同的商品之间的关联关系。关联规则是描述数据库中数据项之间所存在的关系的规则，即根据一个事务中某些项的出现可导出另一些项在同一事务中也出现，即隐藏在数据间的关联或相互关系。在客户关系管理中，通过对企业的客户数据库里的大量数据进行挖掘，可以从大量的记录中发现有趣的关联关系，找出影响市场营销效果的关键因素，为产品定位、定价与定制客户群，客户寻求、细分与保持，市场营销与推销，营销风险评估和诈骗预测等决策支持提供参考依据。

常用的关联规则算法有APRiori算法、FP—Tree算法、Eclat算法、灰色关联法。

（1）APRiori算法

APRiori算法是关联规则最常用、最经典的挖掘频繁项集的算法，核心思想是通过连接产生候选项及其支持度，然后通过剪枝生成频繁项集。APRiori无法处理连续型数值变量，在分析之前往往需要对数据进行离散化。

（2）FP—Tree算法

FP—Tree算法是针对APRiori算法固有的多次扫描事务数据集的缺陷，提出的不产生候选频繁项集的方法。APRiori和FP—Tree都是寻找频繁项集的算法。

（3）Eclat算法

Eclat算法是一种深度优先算法，采用垂直数据表示形式，在概念格理论的基础上利用基于前缀的等价关系将搜索空间划分为较小的子空间。

（4）灰色关联法

灰色关联法是一种主要分析和确定各因素之间的影响程度，或者若干个子因素（子序列）对主因素（母序列）的贡献度的分析方法。

5. 特征分析

特征分析是从数据库的一组数据中提取出关于这些数据的特征式，这些特征式表达了该数据集的总体特征。如营销人员通过对客户流失因素的特征提取，可以得到导致客户流失的一系列原因和主要特征，利用这些特征可以有效地预防客户的流失。

特征分析主要包括定量数据的分布分析、定性数据、统计量分析（均值、中位数、极差、标准、变异系数等）、周期性分析、贡献度分析（又称帕累托分析）、相关度分析等。

6. 偏差分析

偏差一般包括很大一类的潜在的有趣的信息，比如说在分类中会观察到一些反常的实例，模式的例外和观察结果对期望的偏差。这些偏差的寻找是为了观察结果和参照量之间的有意义的差别。偏差在企业危机管理中，管理者对一些意外的规则常常更感兴趣。意外规则的挖掘在异常信息的活动中十分适用，比如异常信息的发现、分析、识别、预警等。在数据挖掘的时候，对于探测数据的现状、历史记录等方面，偏差分析就是其中的显著变化和偏离。

7.Web 页挖掘

互联网在当今时代的发展以及 Web 在全球的普及，使得信息技术得到越来越快的发展，Web 的发展使得其信息量越来越丰富，人们通过对 Web 技术的不断发展和挖掘，可以采用 Web 的数据进行分析，能够收集的信息包括方方面面，无论是政治上还是经济上的，政策还是市场上的等都能收集得到，对于企业有重大的或者潜在影响的外部信息或者内部信息进行重视和分析，同时根据分析的结果提早找出企业经营过程中的问题，这样就能预防危机的形成，帮助企业减少危机和损失。

六、营销大数据应用

（一）营销大数据应用过程

对于企业来说，营销大数据的应用过程一般分为三个层面，分别是数据层的采集和处理数据、业务层的建模分析数据以及应用层的解读数据。通过对客户特征、产品特征、消费行为特征数据的采集和处理，可以进行多维度的客户消费特征分析、产品策略分析和销售策略指导分析。

1. 数据层的采集和处理数据

在现代情境下，大数据处理的数据类型多样，既包括图片、网页、社交等一系列新数据，又包括传统的交易数据，这种采集不同于传统采集的有限和结构化，是一种无意识的自动化记录。

2. 业务层的建模分析数据

分析指用适当的统计、机器学习、深度学习等分析方法对收集来的大量数据进行分析，将它们加以汇总和理解并消化，以求最大化地开发数据的功能，发挥数据的作用。

3. 应用层的解读数据

数据指导营销最重要的是如何结合应用场景解释模型处理得来的结果。大数据可以根据营销问题，采用计算机封闭式挖掘对应数据进行验证分析、也可以采用计算机学习开放性地探索，得出的结论可能异于我们平时的经验判断。

客户、产品、消费是企业营销策略制定实施的重要影响因素，在企业大数据应用过程中，既可以针对这两个要素中的任何一个要素有针对性地展开营销，也可以结合二者展开营销。营销大数据在企业营销应用层面有许多例子，下面举三个应用情景例子。

第一个就是通过用户特征的识别进行客户价值判断。针对用户历史交易数据，进行 RFM 分析，从而定位最有价值用户群体，分析潜在用户群；通过因子分析，企业可以识别出促使客户重复购买行为发生的重要影响因素，不断调整营销方式。

第二个就是用户行为指标的分析。企业收集用户行为数据，通过用户行为渠道来源的自动追踪，系统自动跟踪并对访客来源进行判别分类，根据倾销过程对付费搜索、自然搜索、合作渠道、Banner 广告、邮件营销等营销渠道进行营销跟踪和效果分析。在营销效用方面，企业要知道具体的明白受到哪种媒体营销的影响，例如他们怎样进入特定网站，跨屏、浏览某个网站时他们会做什么。

第三个就是个性化关联分析。对用户购买了什么产品、浏览了什么产品、如何浏览网站等网站行为数据进行收集；通过分析客户群需求的相似程度、产品相似度，用个性化推荐引擎确定向用户推荐哪些产品或服务是用户感兴趣的，分析他们在多大程度上被促销活动、其他买家对产品的评论所影响。

在进行用户关联分析时，要特别注意三个关键指标：支持度（Support）、置信度（Confidence）、提高度（Lift）。在进行研究时，以支持度、置信度作为主要商品相关性分析指标，以提高度来说明关联关系。

随着全球数据量的不断增长，移动互联网技术也在不断发展，新媒体和全媒体技术在进一步成熟，社会经济环境不断发生变化，消费者的特征也在不断更新，这一切都使得营销未来的发展方向就是智能化。互联网的应用产品随着技术的发展和消费者的需求呈现阶段式和爆发式的增长，基于移动终端的发展基础，互联网产品无论是新型的还是传统的都在移动端上架。另外，定位式营销也由于地理位置的社会化媒体称为精准营销的发展趋势。

批量大规模分析正在被实时分析代替，数据的实时处理和实时营销要求不断增长。

（二）营销大数据应用模型——RFM

RFM 模型是衡量当前用户价值以及客户潜在价值的一个重要工具和手段。RFM 是 Recency（最近一次消费）、Frequency（消费频率）、Monetary（消费金额）三个指标首字母组合。

1.R 值

R 代表着客户最近一次消费情况，指的是客户在店铺消费最近一次和上一次的时间间隔，理论上 R 值越小的客户价值越高，即对店铺的产品回购最有可能产生回应。目前网购便利，顾客已经有了更多的购买选择和更低的购买成本，去除地域的限制因素，客户非常容易流失，因此企业想要提高回购率和留存率，需要时刻警惕 R 值。

影响 R 值的因素主要有客户对店铺的记忆强度、接触机会、回购周期等，分析 R 值可以辅助确定企业和客户的接触策略、接触频次以及营销活动对客户的刺激力度。

理论上来讲，上一次购买时间距离现在越近的顾客价值越大。而他们得到营销人员眷顾的机会也应该大于那些很久没有光顾的顾客。当一位已经半年没有光临的顾客上周再次产生购买行为，那他就激活了自己的这个指标，所以最近一次消费时间是实时变化的，我们需要不断地激活顾客消费。

2.F 值

F 代表着客户的消费频率。消费频率是客户在固定时间（一般是一年）内的购买次数。但是如果实操中实际店铺由于受品类宽度影响，比如卖 3C 产品、耐用品等，即使是忠实用户也很难在一年内购买多次。所以，一般店铺在运营 RFM 模型时，会把 F 值的时间范围去掉，替换成累计购买次数。

在应用 RFM 模型进行数据分析时，要注意影响复购的核心因素是商品，因此复购不适合做跨类目比较。比如食品类目和美妆类目：食品是属于"半标品"，产品的标准化程度越高，客户背叛的难度就越小，越难成为忠实客户；但是相对美妆，食品又属于易耗品，消耗周期短，购买频率高，相对容易产生重复购买，因此跨类目复购并不具有可比性。

消费频率越高的顾客忠诚度越高，我们需要不断采取营销手段去提高每个顾客的消费频率，这也是提高销售额非常有效的方法。一个没有客户重复购买产品的企业是非常危险的，这意味着它的顾客都是新的，都是一锤子买卖。不仅对于传统零售，现在重复购买率也是衡量一个电商网站的关键指标。消费频率最高的这部分顾客应该是得到企业关爱最多的群体，需要注意的是数据库营销不能过度，要以不骚扰用户为原则。

3.M 值

M 代表着客户的消费金额。M 值是 RFM 模型中相对于 R 值和 F 值最难使用，但最具有价值的指标。人们熟知的帕累托法则曾做出过这样的解释：公司 80% 的收入来自 20% 的用户。可能有些店铺不会那么精确，一般也会控制在 30% 的客户贡献 70% 的收入，或者 40% 的客户贡献 60% 的收入。消费金额越大，顾客消费力也越大，而这些顾客也应该是得到营销资源最多的顾客。特别是当商家的促销活动的费用资源不足的时候，这些高端的顾客就是首选对象。这个指标还需要和消费频率结合起来分析，有的顾客消费金额非常高，但是他可能只是购买了一次高单价商品，就再也没有光临过了。

理论上 M 值和 F 值是一样的，都带有时间范围，指的是一段时间（通常是一年）内的消费金额。对于一般店铺的类目而言，产品的价格大都是比较单一的，比如同一品牌美妆类，价格浮动范围基本在某个特定消费群的可接受范围内，加上单一品类购买频次不高，所以对于一般店铺而言，M 值对客户细分的作用相对较弱。用店铺的累计购买金额和平均客单价替代传统的 M 值能更好地体现客户消费金额的差异。

4. 分析 RFM 模型结果的方法

一般用两种方法来分析 RFM 模型的结果，一种是基于 RFM 模型的划分标准来进行客户细分，另一种是基于 RFM 模型的客户评分来进行客户细分。

（1）基于 RFM 模型的划分标准进行客户细分

可以选择 RFM 模型中的 1～3 个指标进行客户细分。细分指标需要在企业可操控的合理范围内，并非越多越好，一旦用户细分群组过多，一来会给自己的营销方案执行带来较大的难度，二来可能会遗漏用户群或者对同一个用户造成多次打扰。最终选择多少个指标有两个参考标准：店铺的客户基数、店铺的商品和客户结构。

①店铺的客户基数

在店铺客户一定的情况下，选择的维度越多，细分出来每一组的用户越少。对于店铺基数不大（5 万以下客户数）的店铺而言，选择 1～2 个维度进行细分即可。对于客户超过 50 万的大卖家而言可以选择 2～3 个维度。

②店铺的商品和客户结构

在店铺的商品层次比较单一、客单价差异幅度不大，并且购买频次和消费金额高度相关的情况下，可以只选择比较容易操作的购买频次代替消费金额。对于刚刚开店还没形成客户黏性的店铺，该模型则可以放弃购买频次，直接采用最后一次消费或者消费金额进行分析。

（2）基于 RFM 模型的客户评分进行客户细分

通过 RFM 模型评分后输出目标用户除了直接用 RFM 模型对用户进行分组之外，还有一种常见的方法是利用 RFM 模型的三个属性对客户进行打分，通过打分确定每个用户的质量，最终筛选出自己的目标用户。

RFM 模型评分主要有三个部分：一是确定 RFM 指标的分段和每个分段的分值；二是计算每个客户 RFM 指标的得分；三是计算每个客户的总得分，并且根据总得分筛选出优质的客户。

第五章　大数据营销管理的实践分析

本章为大数据营销管理的实践分析，共分为四节。第一节介绍大数据与精准营销，第二节介绍大数据与个性化营销，第三节介绍大数据与整合营销，第四节介绍大数据与 LBS 营销。

第一节　大数据与精准营销

一、移动互联网精准营销

（一）移动互联网精准营销的概念

移动营销指的是一种通过与移动终端上的消费者信息进行交互，并向目标受众准确传输个性化即时信息的营销方式，这属于互联网营销的一种。移动营销通过移动终端对营销基础信息进行获取，经过处理之后，向消费者准确、有效地传输个性化即时信息，从而达到"一对一"的精准营销的目的。

（二）移动互联网精准营销的优势

移动营销作为一种营销方式，具有即时性和精准性。与其他营销方式相比，其优势是独特的。

1. 移动营销更加透明化

移动设备的功能是非常强大的，能够让全新交互方式的在线广告与品牌信息之间的结合更加紧密，也让产品的信息更加透明化。比如，消费者在商店进行购物的过程中，可以在线查看其他人对商店产品的评价，为自己的购物作为参考；在使用产品的过程中，可以对该产品的 App 进行访问；消费者也可以将产品拍照之后上传到社交媒体平台上。这些操作用一部智能手机就能完成。

2. 移动广告提升了用户体验

移动广告使得营销商以个性化、持续不断的方式与消费者进行交流，很多时候，营销商也能获得用户的位置信息，这也进一步促进了营销效果的提升。从简单的文本消息传递到丰富的移动应用程序，企业可以使用多种方法来实现其营销目标。

3. 移动设备就是移动的媒体

现在，手机已经成为人们必不可少的日常用品之一，消费者随身携带，花在手机上的时间也越来越多。

4. 移动营销业务越来越多

智能手机正在改变用户开展业务、通信、消费的形式，其移动性不仅给消费者带来了各种便利，也给企业的经营带来了冲击。企业应该密切关注智能手机用户的消费趋势，根据时代变化开展各种广告营销。

5. 用户更容易接受移动广告

传统的媒体营销，如电视广告营销，在出现产品广告时，消费者一般会倾向于换台，但是，移动广告有良好的互动性，例如，在网上购物时，客户能够自主随时领取商家的优惠券。这样的广告形式大部分能够让用户触碰到，而且是此时需要的，所以这时用户对于移动广告的接受程度要远大于其他形式的广告。

营销对企业而言，是一个永远不能忽略的话题。任何企业都离不开营销，随着智能移动终端的大范围普及以及无线互联网络的不断发展，移动营销渐渐被企业熟知、重视并使用，并成为一种新的营销手段。随着智能手机、平板电脑、超极本等移动终端的出现和发展，很多数据监测机构开始对使用互联网的用户进行调查分析，因为用户使用互联网的行为、时间段、地点等将会决定企业营销的方向。营销的时间一直是营销中不可忽略的一个关键因素，例如，电视台划分出了每天的"黄金时间段"，在不同时间段进行营销会有不一样的效果。移动互联网营销也是如此，虽然移动终端始终伴随在用户身边，但是在用户繁忙或闲暇时进行营销产生的效果有很大区别。移动互联网上的广告通常不会使用户反感，相反，如果广告设计得新鲜、有趣，并且符合用户需求，将会受到用户的欢迎。移动互联网营销需要建立在对客户群的分析上，如分析用户最喜欢做的事情、最集中的时间段、用户点击广告的动机，对移动互联网营销将会有帮助。

（三）移动互联网精准营销实践

移动互联网在促进智能手机的普及和影响消费者的使用模式的同时，产生的数据也能给各种应用或其他后台服务带来帮助。从技术上来说，即使消费者不使用移动设备，他们也将生成越来越多的数据，这些数据会忠实记录他们的各种行为。随着移动用户数量的增加，大数据应用吸引了越来越多人的关注。大数据技术在传统的互联网应用中已经是游刃有余，在移动互联网中，大数据相对而言显得更加重要。

用户更换产品，随之改变的就是使用习惯及对信息的接收习惯，但对于信息的需求是始终不变的。基于这一点，就要求广告主在移动端的发力不仅要精准，更要符合用户的习惯，不至于造成信息冗余的情况。移动互联时代，需求才是移动互联网广告主最初的商机。另外，用户信息获取载体的丰富在一定程度上导致同类信息的分流情况出现。对于广告主来说，要将数以万计的信息转换成对品牌最有价值的资源，筛选优质信息就成为第二道难题。

移动终端的广告形式多种多样，哪种形式用户最乐于接受，哪种最让用户反感，成为衡量广告宣传效果的又一标准。营销者可以将用户与广告主之间的交流信息汇总成数据，对数据进行聚合、整理、分析，这是移动互联时代广告营销的重要工具手段。在"得用户者得天下"的移动互联网时代，提升用户体验是产品和广告宣传制胜的关键。在新时代的营销市场中，基于信息之上的数据分析与整合不仅是营销策略的重要一环，同时也是对行业动态的精准把握。

移动互联网时代，也是"大数据"时代，阿里巴巴、腾讯、百度等互联网巨头都已把"大数据"作为运营的重心。如何利用好企业自身的数据资源实现"精准营销"，紧跟时代发展趋势，是现在企业家所关注的问题。如何将更多数据细分为移动营销重点，从大众营销向移动网络精细营销转变将成为大趋势，这是基于大数据分析的移动互联网时代，在精准营销的基础上移动大数据将成为每个品牌领域的热点问题。在全媒体营销时代，移动营销已经是大势所趋，在"PC+移动"的时代，营销越来越回归其本质，在合适的时间、合适的地点，向合适的用户传达合适的信息。这也是移动营销的关键所在。

但大数据技术的发展和应用正在让营销突破这一"瓶颈"，走向精准。如今的广告主越来越关注其营销的精准性，移动营销也同样需要证明其有效性。要想让广告主真正理解并接受移动营销，最关键的就是要让广告主在投入之后看到效果。正是在大数据的帮助下，移动互联网营销的精准性正在逐步提高。这也让人们看到了一种新的趋势：人工智能将在未来的营销中扮演重要角色，而移动智能终端无疑是首要的应用载体。

随着移动互联网应用人数逐渐增加，移动电商的大数据精准营销策略的应用范围也在不断地扩大，电子商务企业也逐渐向移动电商发展。目前，移动电商领域的电商企业将关注和研究的重点放在大数据的应用上。对大数据信息进行有效分析本质上就是商业营销的智能精细化。随着大数据时代的发展，移动电商服务领域也将会从面向全体服务最后向个性化服务和精准营销迈进。以淘宝网为例，淘宝网上展示了各种各样的商品，大数据的应用能够让消费者准确找到自己所需要的商品。在大数据分析的基础上，淘宝网能够判断出用户的购买需求，之后根据用户对商品信息的浏览情况，通过上百种数据的利用，向不同的消费者推荐他们所感兴趣的商品。大数据时代的数字营销为企业带来了机会，也提出了更多的要求，如企业间的对话应该是平等的，品牌信息之间的交流应该是真实的，企业与用户之间要进行互动，让客户参与到生产中来等。在现在的社会网络环境中，这不仅是一种营销的趋势，也是一种内在的人文关怀。

现在整个电商平台都在运用大数据对客户进行了解，从而达到精准营销的目的，其中电商云平台在电商行业业务中逐渐成了标配。随着移动电商的高速渗透和本地化的实现，为企业带来了新的机会，之前企业需要花费大量的费用去购买数据，现在随着信息技术的发展，大批量的客户主动向企业贡献数据，这主要是因为客户希望通过贡献数据获得一定的折扣和优惠。因此，电商企业在进行商业决策的过程中也会参考这些客户主动提供的个性化数据。

（四）移动互联网精准营销案例

1. 维也纳酒店的移动互联网精准营销

如今，酒店管理者可以利用大数据、移动互联网平台为用户提供在线预订、在线支付、库存管理等功能，酒店商家在快捷管理的同时全面提升客户的消费体验。维也纳酒店是这方面的一个例子。维也纳酒店成立于1993年，在大数据背景下，维也纳酒店升级了服务，借助微信进行精确定位并添加大量高级界面，为会员提供微信预订房间服务。同时，通过对定制菜单的深入优化，维也纳酒店不断改善平台的客户体验，有效激活了平台的消费黏性和活跃度，这体现在以下两个方面：

第一，预订系统的建立。维也纳开发微信预约系统，与 PC 官方网站同步实现预约，同时，通过微信渠道预订优惠，实现微信预约系统的客户入住。

第二，良好的互动体验。通过使用微信的每日签到功能，使娱乐互动和企业让利相联系，维也纳的会员可以在微信平台上享受乐趣，获得收益，企业也可以通过签到情况了解部分会员入住情况。

维也纳主要通过"线上 + 线下"的组合方式增加客户，通过在会员电子邮件、官方网站增设微信公众号二维码，再结合线下的店内摆设以标注二维码的形式吸引公众号粉丝。

此外，维也纳积极利用微博活动将流量引入微信，然后与微信粉丝进行各种互动，开展促销活动。在移动时代，微信预订必须严格监测房间库存，持续优化流程，增加其便捷性。而且在与用户互动的过程中，随时掌握用户动向，在合适的时间、合适的地点，为用户做精准的营销。

2. 电子二维码促进会员消费

休闲娱乐行业中最重要的资源就是老客户，为了提高客户忠诚度和营业额，许多企业采用会员营销方式。传统的会员卡系统大多是发行会员卡，但会员卡携带麻烦、易丢失、卡号难记等问题使没有出示会员卡的客户不能享受会员优惠，反而降低了这部分会员的满意度。

随着移动互联网的快速发展，休闲娱乐业商家可以邀请顾客在微信公众号或者服务号上进行会员在线注册，从而让顾客获得一个专属于自己的电子会员二维码，这个就代替了以前的会员实体卡。客户在购物中能够直接出示会员二维码从而享受到会员应有的待遇。同时，商家还可以通过微信公众号或者服务号向会员发送促销活动、优惠券等信息。一般情况下，会员管理系统包含多个子系统，如会员基本信息、会员的消费记录、客户关怀等。

通过二维码会员卡不仅能优化客户体验，更重要的是，企业拥有的数据也会越来越多，收集数据越来越简单，这为用户细分提供了保障，同时也为娱乐业分析客户需求、提供精准营销奠定了基础。二维码会员管理还适用于网络会员管理体制，让会员不论走到企业的哪家连锁分店，都能享受会员服务，给顾客带来更加优质的服务体验。

二、App 精准营销

随着移动互联网的快速发展，企业在移动互联网上实现精准营销的重点放在了移动终端的 App 应用上，因为，智能手机与 App 应用软件是互不分离的。企业通过开发自己的移动客户端，从而快速收集相关数据，全面分析用户信息，从而实现产品的精准营销。

（一）App 精准营销的基本概念

App 是 Application 的简称，著名的 App 商店有苹果的 iTunes 商店、Android 市场等。一开始，App 营销通过在虚拟社区、SNS 和其他平台上运行的应用程序来完成，但是，随着移动互联网的飞速发展，App 营销逐渐以移动手机为主流实施平台。

（二）App 精准营销的优势

App 营销之所以能够逐渐成为主流，最主要的原因除了用户众多外，还包括其与 PC 版普通网站营销相比存在巨大的优势。

1. 成本低廉

App 营销一般通过开发一个本品牌相适应的应用的方式进行，可能在宣传推广方面花费一些费用，与电视广告、网络广告相比，费用要低很多，但营销效果是非常显著的。

2. 促进销售

毫无疑问，凭借 App 应用程序的竞争优势，产品和企业的营销能力得到了提高。App 实用性强，用户可以使用各种类型的 App 使手机成为生活中的实用工具。用户将 App 下载到手机中，其丰富的界面和各种活动将形成很好的用户黏性，增加交易成功机会。

3. 信息全面

更全面的商品信息可以激发用户购买该商品的消费意愿，移动应用程序图文并茂，并结合视频等多媒体工具充分显示产品信息，使用户可以多角度了解产品情况。通过了解产品信息来激发用户购买商品的欲望，减少因用户不熟悉产品而丧失的交易机会。

4. 跨时空

任何营销的最终目标都是占领更多的市场份额并赢得更多客户，互联网信息交换具有不受时间限制和空间限制的优点。企业可以不考虑交易的时空限制，人力资源充足情况下甚至可以一天 24 小时不间断提供全球营销服务。

5. 品牌建设

移动应用程序的快速传播优势可以让用户了解优秀的品牌历史文化，增强对企业的认同感，提高企业的品牌形象，进而提升品牌实力。良好的品牌形象是企业的无形资产，在很大程度上能增强企业的竞争力。

6. 随时服务

通过移动应用程序获取产品信息，客户可以随时从移动应用程序购买商品，PC 网站很多情况下仅适用于计算机页面，不适用于移动页面。手机 App 是针对手机屏幕而定制的，文字和图片的显示比例适合手机浏览，符合手机用户的视觉习惯和需求，同时，移动端的便利性也使得用户能随时享受企业服务，因此，App 营销在用户体验上具有得天独厚的优势。

7. 精准营销

精准是精准营销最大的特点，这一点在应用程序营销中更为常见。借助先进的大数据技术、移动通信技术和发达的物流体系，可以保存企业与客户的长期、个性化信息，积累客户数据，动态调控，从而满足营销精准性的要求。

8. 互动性强

App 营销可以使用户和企业直接沟通，去掉了传统传播媒介的中间环节，这种互动更加及时有效，也是其他传播媒介无法取代的。通过手机和互联网，可以轻松满足企业与个人客户的通信需求，这对于产品设计、产品定价、促销和售后服务等工作都具有重要意义。

（三）App 精准营销模式和方法

在众多的功能性 App 应用和游戏应用中，针对不同产品需要选择不同的营销模式，不同的营销模式会带来不同的营销效果。不管什么营销模式，只要在热门的、与自己产品受众消费相关的 App 应用上投放广告，所达到的传播效果一般都是比较良好的。目前，比较常见的 App 营销模式有四种，分别是广告营销、App 植入、用户营销、购物网站模式。

1. 广告营销

广告植入是许多功能性和娱乐性应用中最基本、最通用的营销方式。用户单击广告时，将直接转到广告指定的界面，以了解有关广告商的更多信息或参加广告活动。广告植入操作比较简单，植入地点的选择范围也很广。广告受众很大程度上是企业的目标顾客群体，将广告投放到与企业相关的 App 上，针对性比较强。

2.App 植入

由于 App 前期开发成本很高，应用商店里大部分的 App 都是免费的。为了盈利，App 开发商会通过广告等形式换取收益，比较常见的 App 植入有内容植入、道具植入、背景植入。

内容植入就是在 App 中植入与 App 应用领域相关的产品广告信息，例如在游戏应用中植入游戏笔记本等广告；道具植入就是在 App 应用中植入与游戏道具相关的广告，例如将某品牌的香肠植入菜谱 App 中；背景植入就是将某品牌的产品标志或者商标作为 App 的背景产生宣传效果。

3. 用户营销

企业开发出与自己定位相符的应用之后发布到应用商店，便于智能手机用户下载应用，用户通过应用能够对企业信息进行直观的了解。与以往的植入式广告相比，这种用户营销的方式具有软性广告效应，客户不仅能够让自己的需求得到满足，也能够获得一些品牌的信息和商品的资讯。除此之外，用户营销模式的实现价值是很高的，不仅能够让用户对产品有充分的了解，产品信任度得到提高，还能提高品牌的美誉度。

4. 购物网站模式

购物网站模式就是将以往需要通过互联网浏览器才能浏览的营销方式，延伸至移动互联网端的 App 应用中。在移动互联网购物飞速发展的今天，推进电商企业向 App 全渠道方向转型已经成为购物网站发展的必然趋势。就目前而言，基本上所有的电商企业都有自己的 App，如淘宝、京东等。无论是什么样的营销模式，商家的最终目标无非是找到稳定的客户，而想要找准客户，就必须精确定位。移动互联网的用户大多时候处于移动的状态，而 LBS 以其精准的定位功能使得精准营销成为可能。

LBS 是一项基于位置的服务，可通过无线电通信网络或电信移动运营商的外部定位模式获取移动用户的地理位置，再结合其他技术应用为用户提供服务。LBS 主要包括两个含义：一是确定移动设备的地理位置；二是提供移动设备所处位置附近的各种信息。因此，LBS 是借助移动互联网或无线网络来确定客户位置并且提供相关服务的。LBS 一般由两个网络组成，一个是移动通信网络，另一个是计算机网络，二者之间通过网关进行交互。移动终端经过移动通信网络发送请求，通过网关向 LBS 服务平台上传输这些请求，然后服务平台根据请求和位置信息，将结果传给客户，现在常用的"美团外卖"点单过程就使用了该功能，用户通过 LBS 可以获知附近的各种商铺。

LBS 需要数据支撑。在大数据时代，LBS 如果没有数据的支撑，将逐渐被市场淘汰。大众点评的广告推广业务在几年前曾经是一种发展很成熟的盈利模式，但是，随着大众点评的浏览数据逐渐向移动端迁移，原有的广告产品逐渐不适应现在的局势，所以大众点评后来将重心转移到了移动端和美团上。调整后的大众点评最主要的就是基于大数据和 LBS+ 的广告模式。

目前全国涉足大数据营销的企业数不胜数，然而大众点评有纵深的时间维度，以及与消费、交易很贴近的大数据积累。大众点评通过对数据进行挖掘，提升用户体验，再给合适的用户推荐匹配的商户，本身就是一个根据用户进行精准营销的过程。

（四）App 精准营销案例

1. 海底捞 App 精准营销

海底捞成立于 1994 年，是一家以经营川味火锅为主、融汇各地火锅特色的大型跨省直营餐饮品牌火锅店，在全国范围内都有分店，销售业绩也极为亮眼。

随着移动互联网的迅猛发展，为了吸引更多的顾客，打造企业品牌，餐饮业也兴起了 App 营销的热潮。以服务著名的海底捞为了迎合消费者的消费方式，也开始尝试打造属于自己的 App 订餐平台。通过洞悉消费者的消费心理，为用户提供了便于消费的 App 频道。海底捞为用户提供了十分丰富的 App 消费体验，用户登录后可以立即享受在线商店的位置获取、提前预订座位、在线订购、了解优惠活动和其他服务，并且将消费感受同步到社交网站。此外，海底捞 App 还拥有一套社交体系，用户可以从其他用户分享的信息中得到更多关于美食的信息，例如，从"Hi 活动"中可以了解海底捞的一些优惠活动。

而站在大数据的立场上来看，海底捞 App 与大多数 App 一样，为餐饮企业进行精准化、个性化的营销提供了便利，主要体现在以下几点：根据用户的评价，为餐饮企业提供参考依据；根据用户订单判断大多数用户偏爱的口味；根据消费时间准确把握客流高峰期；根据用户的消费记录进行精准的菜品推荐。用户利用海底捞 App 查询附近海底捞店铺的位置，领取电子优惠券，促进消费。

2. 沃尔玛用 App 精准营销

沃尔玛公司是美国一家世界性连锁企业，以营业额计算，为全球最大的公司，总部位于美国阿肯色州的本顿维尔。随着移动互联网的快速发展与智能手机的广泛应用，作为一家全球性连锁零售超市的沃尔玛也开始意识到移动电子商务的重要性，推出了可以让消费者进行智能手机消费与支付的应用软件 Walmart App。

随着电子商务的加入，零售行业面临更大的竞争，大数据技术、移动化环境给零售带来新的增长点，提高每个消费者的个性化体验成为零售行业的竞争点。这些竞争都将发生在客户的智能手机中，沃尔玛用大数据来改善商店中消费者购物体验。沃尔玛发现 Walmart App 可以吸引消费者进行消费，安装该应用程序的用户光临沃尔玛实体店的频率更高，与普通顾客相比，在沃尔玛超市花费的时间多了 40%。沃尔玛会员的各种信息都被记录在沃尔玛系统内，结合客户的手机定位，当客户离某个沃尔玛超市很近时，Walmart App 就会根据客户的购买记录向其提供购买频率高的商品优惠券，刺激用户的购买欲望。

沃尔玛的 Scan and Go 系统还可以让客户在超市中用手机扫描商品二维码结账，节省排队结账时间。除此之外，会员在完成每次移动支付的同时，沃尔玛会更新该客户的消费记录数据，并且预测客户下一次购买该商品的时间，方便 Walmart App 向其推荐商品及优惠券的发放。

像沃尔玛这种精准化、及时性的营销背后是需要有强大的数据作为支撑的。这种营销模式类似于现在商场的会员卡机制，便于商家了解用户购买了什么、大概可以用多久，计算着快用完时便打电话给用户，推送优惠信息。只不过在移动互联网时代，这些都可以交给一个小小的 App 完成。对于零售业来说，无论什么时候，想要做到这种精细化的精准营销，都离不开大数据对用户的分析，而像沃尔玛一样利用 App 来完成精准营销，将是大数据时代移动互联网实现精准营销的发展新趋势。

三、微信精准营销

微信如今作为国民软件，拥有 11 亿用户，这是一个非常庞大的"流量海"，微信营销就是利用微信这片"流量海"进行营销的一种方式，而微信附带的社交属性使其能够精确到个体用户。

（一）微信精准营销的基本概念

微信营销是指利用微信进行产品销售，是移动网络营销中最常见的营销方式之一。微信对距离没有限制，用户在注册微信后，便可以订阅自己喜欢的信息。商家也可以通过提供用户所需的信息来促销其产品，并实现点对点的营销。传统的移动通信营销方式一般是电话销售或者短信推销，这些传统的沟通方式过于单一且效果不佳。微信不仅改变了人们的沟通方式，也使企业的营销方式更加灵活，节省了营销成本。同时，微信多样化的信息发送和接收方式也极大地吸引了用户的注意力。

（二）微信精准营销的优势

相比其他营销方式，微信营销有许多优势。

1. 增加收入，节约成本

顾客可以通过各种渠道成为企业微信服务号的粉丝，获得企业信息。如果企业的产品能够达到顾客的预期值，那么顾客就会成为微信忠实的粉丝。要知道传统的营销模式中，一个企业想要得到一个忠实客户，要付出的代价是相当高的。而一个忠实客户通常会反复地购买，这就为企业在宣传上节省了很多成本。

2. 快速收集客户反馈信息

通过微信公众平台设置或人工回复，可以实现与客户的即时互动。收集客户第一时间反馈的信息，有利于企业及时采取措施，为用户提供更人性化的服务。

3. 提升客户管理

微信这种带有社交属性的营销方式具有很高的精准性，企业能够通过微信公众号或者服务号时刻关注客户的反馈信息，了解客户的需求，收集客户对产品的反馈信息，有效解决客户提出的问题，提升客户对企业的满意度。

4. 提升形象效应与口碑效应

微信服务的质量是无法展览的，靠的是客户之间的口耳相传，树立好企业形象，企业的口碑效应也就越好。同时满意的客户也是企业免费的广告资源，他们会将自己切身的感受传播给自己熟悉的人，这比花钱做广告更有效，可以迅速提高企业的知名度和企业形象。

5. 增强企业核心竞争力

企业竞争实质是客户的争夺，老客户则是客户争夺中的维护核心，做好客户维持是企业的一大要务。企业能够通过微信公众号或者服务号及时接收客户投诉及其他反馈建议，能更好地开展售后工作，以客户为服务中心，提供更加贴近客户真实需求的产品和服务，提高客户对企业产品的满意度。

6. 保证企业与客户实现双赢

微信营销并不是让哪一方成为赢家，只注重企业的盈利而忽略了客户的利益，那将会使企业走下坡路；而太过注重客户利益，也会将企业战线拉长，甚至拖垮企业。所以，无论什么样的营销模式，都要以企业与客户的双赢为目的。也只有这样，企业才能永远留住自己的忠实客户，同时为企业带来更大的收获。

（三）微信营销基本模式

微信日渐盛行，如何做好微信营销是企业占领移动互联网营销市场的关键，而如何利用微信的特殊功能形成一种独具特色的营销模式，是微信营销要迈出的重要一步。目前微信营销主要有五种常用的模式：

1. 朋友圈营销

微信营销就是通过微信"交朋友"，让别人关注到自己。微信朋友圈营销是在朋友圈发送营销动态，引导朋友支持自己，购买自己的产品。微信朋友圈营销有两个优点：一是同一个交友圈通常存在共同的兴趣爱好，这也是朋友圈营销的一大优势；二是微信通讯录的其他用户基本上与用户本人存在社交关系，这很大程度上解决了交易中的信任问题。朋友圈的这两个特点使得朋友圈营销有着很强的针对性和良好的营销效果。

2. 陪聊式对话

社交软件都有一个不可或缺的功能，那就是聊天儿。微信开放平台提供基本会话功能，让品牌与用户之间交互渗透，使品牌在短时间内获得一定的知名度，所以许多知名企业都会选择在微信上与用户进行实时对话，从而拉近与用户的距离。陪聊式对话通常有两种形式，一种是真实对话，另一种是智能回复。真实对话通常是由企业安排工作人员与用户进行实时对话；智能回复是指企业下载智能回复软件并对其进行设置，就可以智能答复用户问题了。

3. 扫一扫折扣式

微信还可以使用二维码扩展业务，对于二维码，到目前为止已经开发出越来越多的商业用途。企业建立自己的品牌二维码，微信用户只要使用微信扫一扫该企业的二维码，就可以成为企业的会员。一些二维码也是企业活动很好的传播工具，用户扫描二维码进入活动页面，了解企业活动的详细信息。二维码营销以微信庞大的使用人群为基础，具有很高的活跃度。

4. 品牌互动推送

微信有一个从 QQ 邮箱中移植过来的功能——漂流瓶，用户可将自己想说的话写下来，然后扔进"水里"，等待其他的用户拾取。微信漂流瓶主要有两个简单功能：一是"扔一个"，企业可以将产品信息以语音或者文字的形式投入"大海"中，随时发送。二是"捡一个"，"捞"其他用户投放的漂流瓶，"捞"到后也可以和对方展开对话。

用微信漂流瓶进行产品信息营销推广时要注意以下几点：一是措辞要尽量温和，可以根据行业的不同写上几句有诱惑力的话。二是在选择做漂流瓶推广时，要更换适宜的头像，使其他用户愿意打开。三是漂流瓶是"大海抛针"式的，所以在设置内容时，要做一个自己微店网站的签名。

5. 互动式公众号平台

微信公众平台是从微信 4.0 版本开始推出的新功能，其主要目标用户就是企业、机构等，它向所有用户打开了一个门户，信息和资本在这里高速流通。想在如火如荼的微信营销中脱颖而出，商家必须掌握运营技巧。

开始运营微信公众号之前，运营商需要做好平台的内容划分，不仅要满足关注用户的产品相关需求，还要推送休闲娱乐信息满足用户的情感需要。企业可以开发自定义回复接口，通过"我的周边"提供查询周边美食、生活服务、购物、酒店以及休闲娱乐等信息服务。

在微信这个平台上，用户与企业处于长期的互动状态，企业完全可以通过用户在微信公众平台上的搜索分析出客户的需求，就像搜索引擎一样。例如，用户每个月什么时间会查询产品信息，用户大概需要什么类型的产品等，这些都将成为企业进行精准营销的重要数据，通过这些数据，就能实现产品的精准推送。总之，微信通过对用户具体使用时间、具体行为数据的整合，构建相应的数据分析模型，对平台数据进行深度挖掘，庞大的用户基础、真实的用户数据是微信独有的营销优势。

（四）微信精准营销案例

1. 南航用微信实现精准服务

中国南方航空股份有限公司是国内著名的航空公司之一，它是亚洲年客运量最大的航空公司，在国内，其运输航班最多，航线网络最密集。

2013 年，南航在国内首创推出微信值机服务，为用户打造微信移动航空服务体验。用户只需要登录微信或者扫描二维码，就可以关注南航的账号，体验使用智能手机选座与获取电子登机牌的服务。除此之外，用户通过南航的微信公众平台可以享受到机票预订、办理登机牌、航班动态查询、里程查询与兑换、出行指南、城市天气查询、机票验真等多项服务。

南航微信会员的比例在微信用户数量的上升的基础上得到了进一步提高。南航所进行的微信营销并不是大张旗鼓的，而是让微信发挥它应有的功能。比如，用户只有在通过短信邀约办理值机的时候，南航才会提示用户关注南航官方微信号，避免了没必要的营销信息对用户造成的困扰。南航利用微信公众平台收集用户常见的搜索数据，通过对用户的行为数据进行分析，为旅客提供精准化的服务，这在航空公司中应该算是比较完善的了，当然给用户带来的体验也是非同一般的。

2. 布丁酒店的微信精准营销

住友酒店管理有限公司旗下的布丁酒店是中国第一家时尚型连锁酒店，专注于为客户创造快乐时尚的休息体验。2012 年 11 月 12 日，布丁微信客户预订功能上线，允许用户通过微信的布丁公众号随时随地预订布丁的房间。这是布丁的一个重要战略布局，也是跨界合作的重要典范。

布丁酒店微信公众平台以获取客户的手机定位权限为基础，实现客户精准定位，从而为客户提供最准确的服务。微信公众号的所有功能和信息与布丁酒店官方网站和手机官方 App 相同，并且可以同时更新，享受各种优惠活动。

大数据时代，将订酒店与微信结合可以说是布丁酒店最为成功之处，当然布丁酒店的 App 中，利用 LBS 技术对用户进行精准定位，为精准营销提供了保障，布丁酒店的这项举措也成为企业创收的利器。

3. 餐饮行业的微信精准营销

民以食为天，吃饭是一件大事，尤其是对于经常加班的人士来说，加班时如果能够便捷地订到外卖是一件很"幸福"的事情。一款名为"外卖网络"的微信应用解决了这一难题。添加"外卖网络"应用之后，用户授权为该应用提供位置信息，外卖网络就会显示周围一公里以内 15 家左右的外卖商家信息，用户可以根据这些店铺信息订购外卖。

类似于这种定位精准服务的例子数不胜数，这也许就是大数据在微信精准营销中的核心。正是利用大数据技术对相关数据的分析，才使微信用户能够得到如此便捷的服务，而作为企业，这种精准的营销形式也是企业实现精准营销、创造收益的重要手段。

四、O2O 精准营销

互联网与金融业的不断融合改变了人们的消费方式，O2O 的出现成为现实商务和虚拟平台交互结合的典型例子。O2O 这种线上线下相结合的方式也为商业活动带来了一个新的思维模式。

（一）O2O 精准营销的基本概念

O2O 即 Online to Offline，意为"从线上到线下"。O2O 这个概念最初来源于美国，2011 年被我国业界引入。O2O 将商业交易活动和互联网相结合，不断改变人们生活方式，也为商业变革提供了一个前进方向。如果用一句话来全面定义O2O，那就是在移动互联网时代，生活消费领域通过线上（虚拟世界）和线下（现实世界）互动的一种新型商业模式。

O2O 作为一种营销模式，有一个大致的流程。首先，线上平台与线下商家经过洽谈在一些方面达成协议，如活动时间、折扣、人数等方面。其次，线上平台主要负责此次活动的推广工作，通过各种渠道向自身用户进行推荐，用户在线付款之后，获得平台提供的专属"凭证"。再次，用户持凭证到线下商家可以直接享受相关服务。最后，线下商家服务完毕之后，线上平台与线下商家进行结算，同时保留一定比例作为服务佣金。

O2O 的一个重要环节是在互联网上发布信息，因为只有互联网才能更快、更远、更广泛地传播业务信息，并吸引强大的消费能力。但实际上，O2O 的核心不仅在于信息发布，还在于在线支付功能。一旦没有在线支付功能，O2O 的在线功能就只成为一个展示平台，而没有对商务过程进行实质性改进。

首先，在线支付不仅是支付的完成，也是最终形成消费的标志，是消费数据中唯一可靠的评估标准。特别是对于以提供在线服务为主营业务的互联网专业公司，只有用户完成在线支付，它们才能从中获得经济收益。因此，O2O 在消费者在线付款后形成了完整的消费业务链。其次，O2O 是一个能够迅速获得增量并以此获得收益的经营模式，服务行业中的企业数量众多，地域性强，富有当地色彩，很难在互联网上做某一家小服务企业的广告，就像在搜索引擎中搜索某一家餐馆，相关信息不会特别多，这也是服务企业推广时存在的困难之一。

但是，O2O 营销很大程度上降低了企业对地理位置的依赖，使企业在同一个互联网平台进行推广营销。对于消费者而言，O2O 为本地企业提供了丰富准确的产品和服务信息，以可承受的价格快速筛选和订购适合的商品或服务。

如今，越来越多的资本流向移动项目，智能手机的普及和移动支付的发展使得国内移动支付比发达国家更成熟，这是中国互联网实现弯道超车的一个重要契机。

在互联网时代，O2O 可以借助各种智能终端，把服务的双方或服务方的前台放到网络上，使消费者在自己的手机或其他终端上便捷地按照价格、位置、时间等诉求查看服务方线下服务，非常人性化地解决了消费者的核心需求。

（二）O2O 精准营销平台

比较常见的 O2O 营销平台有四种：

1.O2O+手机客户端

随着智能手机的普及，手机上网慢慢成为人们与网络接触的主流渠道，正是因为瞄准了移动互联网发展的机会，商家开始把手机客户端应用到 O2O 营销中来。前面在介绍 App 精准营销时阐述了 App 营销的诸多优势，正因如此，手机客户端已经发展成为 O2O 营销的重要平台之一。因为移动互联网的快速发展，手机客户端就是游走于客户与线上企业的介质，所以完成 O2O 线上与线下闭环的关键工具就是手机客户端。

2.O2O+LBS 平台

结合 O2O 平台的技术支持，基于 LBS 的生活服务商业活动将有更广阔的发展前景，这种新的营销方式能够基于地理位置服务精准定位客户位置，进而实现移动互联网时代的精准营销。在 LBS 和电商领域的交界处，诞生了许多创新性的网络和移动产品，这种创新的营销模式在很大程度上影响着人们的日常生活。电商企业利用 O2O 模式与 LBS 地理位置系统，将线上线下打通，为用户构建一个基于 O2O 模式的营销平台。

3.O2O+支付平台

随着移动互联网的快速蔓延，支付功能也逐渐多元化，各种支付平台开始与 O2O 携手开启了支付大战。支付平台的成熟与发展使得用户能更加便利地享受 O2O 服务，对于 O2O，尤其是移动互联网时代的 O2O 具有重要的促进作用。例如，在这一平台上比较出名的汇银丰集团有限公司，从 2009 年开始布局移动互联网在传统行业的应用，通过多年的行业摸索与技术革新储备了大量的渠道关系，已经与多个商家建立了战略合作关系。

4.O2O+NFC 平台

NFC 是一种近距离无线通信技术，基于射频识别技术和互联技术，能够在一定距离内识别物体中嵌含的信息。O2O+NFC 模式是一种极受用户喜爱的手机 O2O 应用，与手机客户端不同，NFC 手机带有独特的 NFC 模块，用户可以凭借配置了支付功能的 NFC 手机行遍全国。例如，进行机场登机验证，作为大厦的门禁钥匙、交通一卡通、信用卡、支付卡等。NFC 是一个具有多功能的手机应用系统，可以帮助 O2O 平台完成很多工作。因此，O2O+NFC 平台的营销手段已经开始被广泛地应用到大小商家的线上线下营销布局中。

（三）O2O 精准营销实践

消费者的行为习惯已经随着移动互联网等技术的不断应用发生着多方面、多层次的变化，越来越多的企业利用各种营销方式和工具进一步了解客户并开展营销。这个过程中，通过大数据和 O2O 实现了精准化的营销，为企业获取了更多价值。

在大数据时代，O2O 营销已经逐渐数据化，正是在这样的背景下，O2O 背后的数据才是其真正的价值所在。一位用户背后的数据可以为企业资源部署提供参考依据。例如，当一位顾客来到企业线下店铺中转了一圈，但是没有购买任何商品，在传统的营销模式中这位顾客对企业而言就是没有价值的。但随着移动技术、大数据技术的不断发展，各种智能移动终端就是一个个消费者的化身，通过终端的联网情况判断用户的位置信息十分容易实现，通过分析这些位置数据能够清楚地刻画出客户在店铺中的停留情况。

这些细节许多企业并没有注意，其实由用户在店内某一货柜前停留的时间以及行走的路线，可以分析出哪些商品对其具有吸引力，而正是通过对这些数据的分析，才可以完成资源的重新部署，在用户最容易看到的位置推荐企业的热门产品，这也是一种精准营销。当然这只是一方面，实际上客户背后的数据是多样的，不同的数据可以带来不同的价值，而这些数据才是公司真正的数字资产，深度挖掘数据价值的能力就代表着企业的盈利能力。当客户购买了产品，其支付数据就成了另一种极有价值的数字资产。例如，通过对客户支付金额的整体分析，就可以得出该地区客户消费的平均水平、这些客户的群体定位、该地区客户最喜爱消费的产品类型等一系列对企业营销有重要意义的结论。

将实体店铺中采集到的数据返回线上使用时线上就有两类数据，将实体店内采集的数据结合线上原有的数据再次融合分析，就可以为线上资源的部署与营销计划做出真正有价值的辅助决策。除此以外，线下同样可以将网络采集的客户数据返回线下使用，这样就完成了一个完整的 O2O 平台的闭环，只是这种闭环不是资金层面的，而是体现在背后数据层面的一种循环。当这样的闭环操作完成时，O2O 的"环"就可以不断滚动起来，形成持续的数据沉淀，每一轮次循环完毕，就会有新的数据被沉淀下来存入数据仓库。

现在，网上购物成为一种消费趋势，各种网络购物节的销售额更是实体店铺不可想象的，这给传统零售行业带来了巨大的挑战。在租金、人力等成本不断上涨的背景下，传统商业的纯利润逐渐被挤压。在这样的背景下，不少行业商户开始利用开放互联网平台"自救"。目前，一些实力较雄厚的企业已经开始开发设计自己的商务交易平台，在平台上向消费者展示产品细节以及促销优惠等信息，并提供线上下单服务，这种线上交易平台的搭建使企业多了一个销售渠道，同时，消费者在平台上产生的行为数据也是一种宝贵的企业资源。例如，消费者有聚餐的需求，可以通过在线平台中各家餐馆的信息来筛选出自己喜欢的餐厅，下载该店铺的优惠券直接去餐厅消费，这样一笔交易就简单地完成了。整个过程将现实中的交易需求和互联网相结合，使得互联网成为商务交易的前端，帮助企业提高交易成功率，也使得消费者的购物过程变得更简单便捷。

随着互联网上本地化电子商务的发展，信息和实物之间、线上和线下之间的联系变得愈加紧密。站在O2O大数据层面看，充分利用这种线下线上互助的营销模式能够为门店销售提供四点必要支持和帮助：一是顾客之前的信息和购买记录，二是顾客消费需求的预判和销售准备，三是顾客对产品和价格的接受程度，四是满足顾客私人属性与需求的精准营销。

（四）O2O精准营销案例

在大数据时代，O2O在激烈营销中越来越占据有利的地位，其中，快速构建O2O发展格局，掌握O2O营销方案是关键。下面就举几个O2O营销案例：

1. 宝岛眼镜的O2O精准营销

宝岛眼镜是1981年开创于中国台湾的专业眼镜连锁经营品牌店，拥有30多年的历史。为了改变传统线下店面式营销带来的困境，宝岛眼镜开始寻求新的发展出路。

在宝岛眼镜内部已经成立新形态的消费者互动中心——CIC。CIC除与客户直接沟通之外，更以大数据收集为基础，在所有触及消费者的渠道上有效地记录、观察、解读消费者需求，并将其应用在每一次营销中，及时调整产品适应性，刺激销售，精确推送商品、活动及其他服务信息，通过CIC精确找到吸引客户消费的关键点，减少客户购买的犹豫期。

宝岛眼镜转向O2O最重要的就是构建O2O营销模式。宝岛眼镜曾与天猫七乐康合作，客户在天猫七乐康药房店铺购买200元的产品，则可以获得指定的宝岛镜片优惠券，其市场价格为 200 元，使用该优惠券可在 1200 多家宝岛眼镜店免费兑换，还可以享受"免费验光"服务。现今中国传播渠道多样，广告投放比较混乱，资金成本高，但是七乐康店铺的点击率较高，只要有 20% 领到宝岛眼镜优惠券的客户到线下消费，就可以维持宝岛眼镜此次活动的运营，投入产出比十分可观。宝岛的 O2O 营销能够准确确定得到优惠券的潜在客户的信息，其实体店铺内的消费也能记录下来，因此，宝岛能够精确地计算投资成本。

准确把握眼镜行业的发展特点，也是宝岛眼镜在 O2O 领域投入巨资的重要原因。实体眼镜店的体验功能是在线消费所无法替代的。镜框和镜片的组合必须在实体店内进行，这种消费特点是 O2O 模式的基础。

通过以上努力，宝岛眼镜掌握了重要的数据信息以及合适的营销模式，最后针对客户进行产品的精准营销。宝岛眼镜选择的是大众点评网，通过与大众点评网联手，加快了 O2O 的渠道建设。其合作的内容包括：店面信息管理、会员精准营销管理、验光预约服务、LBS 营销等，致力于打造更成熟的 O2O 模式。

2. 日本麦当劳的 O2O 精准营销

在日本，麦当劳的优惠券业务被公认为最经典的 O2O 案例之一。日本麦当劳的手机优惠券业务成功后，美国、欧洲的麦当劳也纷纷效仿，寻求最完美的 O2O 营销方式。

采用手机优惠券是一种既新颖又时尚的营销方式。其实日本麦当劳想到发放手机优惠券还是源于日本 3G 网络的发达与手机支付率的高升，当时日本 3G 网络普及率达到 100%，4G 的普及率已经接近 10%，这是很多国家和地区都无法比拟的。随着 4G 网络的发展与移动应用的壮大，日本电信化的发展特别迅速。由于在日本，用户可以携号转网，所以日本运营商非常注重的一个数据是"离网率"，即每月有多少用户跳转到其他网络，还剩多少留存用户。而日本麦当劳在此次 O2O 转型时，充分利用高度发达的网络精准地定位客户，从而统计用户"离网率"与"存留率"。在日本，各种手机支付的自动售货机随处可见，日本的手机支付占了大部分的支付市场，手机近场支付的渗透率超过了 40%。

在日本，麦当劳长期以来一直想收集有关用户不确定行为的信息，然后更准确地向他们提供优惠券。2008 年，麦当劳开始与 DoCoMo 合作，在其 3300 家商店中建立 NFC 移动支付终端，并借助 RM 系统收集客户的交易信息。使用 NFC

技术时，麦当劳也十分明白准确定位客户的重要性，这影响着麦当劳向客户发放优惠券，每家店铺优惠券的发放对象一般是长期活跃在店铺附近的。

从原始的纸质优惠券到当前的手机电子优惠券，麦当劳在日本的优惠券发放形式也随着时代在变化。这些电子优惠券给用户带来了科技进步的新鲜感，也提供了新颖的用户体验。麦当劳在日本已经实现了O2O营销的闭环，最大的优点是它可以准确地挖掘用户行为数据，分析用户的消费频率、访问商店次数、单次消费、购买食物类型等。同时，麦当劳在日本花费了大量资金来建立客户数据挖掘系统，该系统存储了大量用户交易数据以进行非常准确的挖掘和分析，然后将不同的个性化优惠券推销给不同的消费者。这些个性化的优惠券极大地提高了麦当劳在日本的商店销售额，并更好地发挥了CRM作用，使客户到店消费的频率更高、消费更多。

五、其他精准营销

（一）微博精准营销

随着微博用户数量的不断升高，出现了微博营销。微博营销指的是在微博平台上为商家、个人等创造价值的一种营销方式，也是指一种在微博平台上满足用户的各类需求的商业行为。每个粉丝都是微博营销的潜在营销对象，企业可以通过更新其微博向微博的粉丝用户传播企业、产品信息，从而帮助企业建立良好的企业形象和产品形象，实现与用户的一对一交流互动。目前，中国最著名的微博平台是新浪网，新浪网凭借其庞大的用户数量，已经成为微博营销的最佳选择。

企业通过微博具有社交属性的平台发布信息，影响客户的消费行为，从而改善客户消费体验，提高客户保留率，获取客户评论，了解消费倾向。

借助其社交网络和信息共享平台，微博已成为具有巨大商业价值的重要在线营销推广工具，运用传播理论并以经典营销理论和案例为指导。微博营销有很多优势，以下简单列举几点：

第一，操作较简单而且运营成本相对低廉。微博具有媒体属性，但是与广告媒体相比，微博营销有着得天独厚的优势。微博的注册是免费的，这和需要支付高额广告费的报纸、电视媒体不同，成本相对集中在人力、微博平台费用。而且微博操作页面简单明了，操作方法简单易上手。微博的信息呈现方式多种多样，类似于自媒体的自由性使得微博营销很灵活。

第二，营销内容更易受到用户的关注。社交媒体时代，微博一对一的交流很容易拉近客户和企业之间的情感距离。同时，有针对性的微博营销使得传播极具个性，实现与消费者的友好互动，加强企业与用户之间的"友情"关系，用户更可能会支持企业的产品，并且还会主动地参与到这个品牌的塑造过程中，这也是实现口碑营销的绝佳途径。

第三，可以借助知名博主的宣传增强营销效果。微博的关注与被关注关系是现实生活中社交关系的一种映照。微博的影响力可以根据微博用户的活跃度、传播效果等因素进行判断，关注量大的博主拥有更大的影响力，可以将营销内容散发给更多的潜在用户。很多情况下，微博的知名博主扮演着意见领袖的角色，具有很大的消费引导力。

大数据下的精准营销最主要的工作就是数据分析，任何价值都是建立在对数据全方位的分析之上的。微博精准营销最重要的就是找对客户，同样需要利用大数据技术对全部数据进行细致的分析，这样才能精准找到客户，进而实现产品的精准营销。

通常情况下，微博营销可以通过话题、标签和微博的微群寻找到目标客户群体。

微博话题的最大优点就是可以通过微博搜索直接找到参与某个话题讨论的用户群。首先通过微博数据分析自己产品的目标客户都会聊哪些话题，例如，产品是爽肤水，而关于爽肤水的话题最多的就是皮肤干燥，那么就可以搜索与"皮肤干燥"相关的话题，因为参与这一话题的用户就是产品的目标客户。

微博上的用户根据其爱好会在注册或者使用微博过程中给自己贴上不同的标签。这些由用户设置的标签能够很好地反映其个人特征。如果要准确地确定目标用户，则可以根据产品对应的标签，收集用户的标签并进行匹配。通过分析这些标签，企业可以根据用户年龄、身份、职业、兴趣爱好等对标签进行分类。如果某些用户标签与产品标签重叠，则此类微博用户可以作为目标客户，进行引导消费。

微群就像 QQ 群一样，不同用户因为某个共同的特点或者话题聚到一起，进行交流和互动，这时产生的数据通常价值是比较高的。分析微群中的数据，找到价值最大的用户，将会产生意想不到的营销效果。

在微博营销的讨论中很少看到把数据分析作为论述的手段或依据，事实上，微博平台很适合进行数据分析。大数据下的微博精准营销就是建立在一步步的数据分析之上的，这些数据都是比较凌乱的，无论是数据的收集、整理还是分析，相对来说都有一定难度。但是面对如此活跃的微博，只要对数据分析得彻底，那么对用户的定位以及产品的营销将会更加精准。

（二）视频营销

视频营销是将视频与互联网结合起来的一种新的营销方式。狭义上，视频营销就是通过视频的形式对一些营销信息进行传播，从而达到一定的营销效果。广义上，视频营销就是视频类的广告，其存在的形式也多样的，尤其是在互联时代的背景下，所呈现的形式更是丰富多样的，随之，企业的视频营销也有多种选择。

目前，我国的视频营销一般有两种，一种是电视营销，一种是互联网视频营销。

电视营销是企业购买电视播出的一定片段时间来播放展示企业优良的产品和服务的一种营销方式。广告逐渐向多元化的方向发展，与电视相关的政策也相继出台，电视节目内容中也逐渐出现了电视营销，电视营销呈现的形式一般冠名或者品牌植入等。电视营销有着独特的优点，一是电视观众的年龄是广泛的，适合不同年龄段的产品都能进行电视营销；二是电视一般情况下是由两个及以上的人在一起进行观看的，因此，能够很好地带动氛围。

随着互联网的快速发展，视频网站逐渐兴起，这样的背景下，电视作为视频媒体显然有一些局限性，如电视营销的广告成本是比较大的，但是互动营销的价值并不大。与电视营销相比，互联网视频营销的成本就低了很多。电视营销难以甚至不会形成"病毒式"传播，但是互联网视频营销却可以，观众在互联网上可以对于具有吸引力的视频进行转载、分享等，这样达到的传播效果是非常好的。电视营销中的信息传播是单向的，无法与观众进行互动；但是在互联网中，观众可以对视频信息进行评价，观众能够很好地融入视频中。总之，电视营销和互联网视频营销各有利弊，因此，二者之间也形成了互补的关系。

随着移动互联网的不断发展，微视频营销随之诞生，它是继电视营销和互联网视频营销之后的又一种营销方式，也是依赖于互联网才能进行的。这种营销方式实现了营销信息由个人计算机向多元化移动终端的转换，并且伴随着互联网成为人们生活中重要的一部分。微视频营销将微视频和移动终端进行了结合，集合了电视营销内容方面的优势和移动互联网移动的优势。

视频营销有着巨大的商业价值，因此得到了众多企业的青睐，与此同时，它独特的营销方式吸引了大众的注意力。经总结分析发现，视频营销之所以能够带来良好的营销效果，主要是因为它为企业所带来的商业价值，视频营销的商业价值主要体现在以下三方面：

第一，打造高效的视觉平台。对于文字或图片，视频立体的展示更能让消费者对产品产生信任。

第二，实现良好的用户体验。随着互联网技术的发展和企业对网站要求的不断提高，企业不仅需要网站通过文字和图片来介绍自身或产品的相关知识，还需要具有良好的用户体验。视频正好符合这一要求，因为视频不仅可以宣传整体，也可以展示细节，不仅可以直观全局，也可以微观局部，将企业或产品进行立体展示，将优势充分介绍。

第三，建立高度的信任感。视频营销可以使用文字、图片、音频等对产品和企业进行介绍，很显然，视频比文字、图片、声音要来得更直观、更立体，甚至有些时候，对于难以用文字、图片和声音全面表达的产品，用视频就可以进行完整立体的展示。同时，视频可以将文字、图片、音频全部囊括在内，通过专业的精良制作拍摄出高质感的画面，配上优美的声效，加以字幕或人员介绍，让消费者觉得真实可信，这种接近完美的效果更能让客户深入了解企业。

有的视频网站的点击量很高，而有的很低。只有点击量越高，视频传播才能越广，营销信息传递的次数也就越多。其实，想要提高视频点击量，获得更好的营销效果，是有技巧的。

一是要制定合适的营销内容。制定合适的营销内容是视频营销策略的第一步，也是关键的一步。举一个简单的例子，推广化妆品的微视频，应该以化妆品周边的话题为主，可以融合娱乐八卦的元素，或者以幽默、搞笑的方式介绍某款化妆品的功效，这种方式更容易吸引用户点击，再加上一个有引导性的标题，即可更好地得到用户的关注。

二是要加强第三方引导。第三方引导主要是针对公司自己有网站的视频营销。视频放到大型视频网站的曝光率及被搜索到的概率远比自己网站上大得多，但是这些视频网站会将原视频压缩，质量也会随之降低。针对此现象，运营者可以将视频的迷你版放在第三方视频网站上，用户在第三方视频网站上浏览到了该视频，会有一种想继续看完的欲望。这时，他们就会通过链接访问网站看到内容更加丰富且质量更高的完整版，这尤其适用于娱乐性质或者需要全屏观赏的视频内容。

第二节　大数据与个性化营销

一、个性化营销与零库存

传统的营销模式，一般是先将产品生产出来，然后再进行销售。这种营销模式容易导致企业在销售环节一旦出问题，就会造成产品积压，形成库存压力，影响企业资金链。因此，企业一般都重视削减库存。正如家电企业美的公司提出的一个理念："宁可少卖，不多做库存。"这句话便体现了美的公司控制库存的态度和决心。

一般来说，企业要实现"零库存"，或接近于"零库存"，除了采用戴尔公司的"订单式生产"，还需要具备较强的市场预测能力。实际上，企业在实施"零库存"方案时，需要对多个环节的数据信息能够及时、合理地进行正常沟通，然后才能正确预测出物料的准确需求量以及供求时间。在其中，个性化营销对企业"零库存"起着重要的作用。

在互联网时代，顾客在购买产品时，个性化的感情色彩日益浓厚；同时，互联网的经验分享特点，又使得每个顾客通过在互联网上的评价，很大程度上影响他人的购买决定。因此，企业在营销中，既要考虑到大众市场，又要顾及个体的感受。我们接下来看一下个性化营销在实现"零库存"的过程中是如何做的。

所谓"个性化营销"，简言之，就是在营销上为顾客量体裁衣，也就是企业对顾客进行直接服务，并根据顾客的特殊要求进行个性化产品的制作，这是一种新型营销方式。这种营销模式中，企业避开了中间环节，不仅注重产品的设计创新，还注重服务管理、企业资源的整合，这样大大提高了经营效率，成为企业制胜的有力武器。目前，随着市场竞争的日益激烈，个性化营销变得越来越重要。

在个性化营销中，企业收集顾客的信息，并逐渐建立一个庞大数据库，这样企业能够对市场的动向和顾客的真实需求进行及时的了解，从而为顾客提供更好的个性化销售模式和服务方式；与此同时，顾客也可以根据自己的实际需求在商品性能方面提出一定的要求，然后，企业在生产过程中要尽可能地满足顾客的要求。这样不仅促进了企业与消费者之间合作关系的紧密性，还大大提高了企业的市场竞争力。与之前企业所进行的大批量生产不同，在个性化营销模式下，企业一般以多品种、中小批量的混合生产为主要生产方式，这样不仅节省了中间环节，还有效降低了销售成本。除此之外，企业在生产过程中的计划性也在逐渐增强，因此，企业的资源配置也逐渐接近于最优，便在很大程度上节约了企业的库存成本。

互联网时代的信息传播速度非常快，在消费领域也随之出现了追求消费时尚的特点，消费者对于个性化和情感化的商品表示出越来越大的渴望，而一般的大众化商品越来越无法满足消费者的需求。也就是说，顾客的消费观念逐渐由理性消费向感性消费转变。首先，随着消费者主观性的增强，单纯的广告和促销活动已经无法改变消费者的主观意念，这也增加了过去营销方式的成本；其次，不同消费者的行为有着很大的不同，在当前买方市场的情况下，消费者的心态和行为越来越缺乏持续性，并朝着求新、多变的方向发展。在这种情况下，企业采取个性化营销，就势在必行。

那么，企业应该如何提升自己的个性化营销能力呢？企业的客户数据管理与分析能力、与客户的互动能力等都是非常重要的。在营销过程中，企业往往根据高质量的客户数据采取差异化的营销，从而对不同的客户采取不同的营销方式。同时，企业的客户数据管理能力也常被视为影响企业进行个性化营销的最重要能力之一。

企业经过多年运营，所拥有的销售和交易数据往往是比较完备的。这些企业一般认为，只要收集了足够多的数据，就能有助于开展一对一的个性化营销，而实际营销的效果不尽如人意。为什么会出现这种情况呢？这是因为，企业虽然有了完整的交易数据，如交易时间、交易次数、交易金额等，但是这些数据很大程度上还处于"静态"，未被充分关联起来，从而直接影响企业对客户数据的分析能力。

企业分析客户数据的能力，是通过对客户信息的理解，再辅之以动态的行为和价值分析，从而识别客户的行为、价值和需求，为采取个性化的营销提供支撑，并帮助企业建立起实时的业务和客户洞察力。这通常需要客户具备较强的大数据分析能力。

二、戴尔公司的个性化销售

在基于数据分析的基础上，企业可以与顾客进行高质量的互动，从而更好地判断和了解顾客的需求，为产品的个性化生产提供有益的参考。在这方面，我们来看全球著名的个性化营销企业戴尔的做法。戴尔公司的个性化营销就是按照客户的要求生产计算机，并直接向客户发货。这种营销方式也将戴尔公司推向了巅峰。

对戴尔公司的个性化营销模式进行剖析可以得出两个结论：一是直销，为用户提供最廉价的电脑；二是为客户提供"量体裁衣"的服务。凭借这两点，戴尔公司牢牢地捍卫了自己在计算机市场中的行业地位。戴尔能够做到这样的个性化营销，与其有较强的数据运用能力是分不开的。比如，戴尔公司对产品的形态和服务进行不断改进。福特公司是戴尔公司的一个重要客户，戴尔在接到福特公司的订单时，就能全面了解福特公司的什么工种的员工适合什么样的计算机；戴尔在此基础上进行软硬件的组装，并以很快的速度送到顾客的手中。

正是这些努力，确保了戴尔公司即便是在接近"零库存"的情况下，仍能拥有大量的顾客；同时，几乎没有库存，也大大减轻了戴尔公司的经营压力。在这个"客户至上"的时代，积极运用一切先进有效的新技术，包括大数据技术，以一种创新的方式来接近顾客、取悦顾客，这不仅可以成就一个戴尔，还可以成就一个又一个其他领域的"戴尔"。

三、亚马逊的个性化营销

亚马逊（Amazon）创办于 1995 年，靠在线书籍销售业务起家。它一开始就是一个虚拟的网上书店，没有自己的实体店面，全靠网上进行在线销售。发展至今，亚马逊成为美国最大的电子商务网站。其实，亚马逊除了是一家电子商务公司，还是一家大数据公司。比如，亚马逊为其平台上的用户提供了高质量的信息数据库和检索系统，用户可以在网上对图书信息进行查询。如果用户有购买需求，就可以将自己所需要的书放在虚拟的购书篮里，最后在购书篮里查看所要购买的商品，选择合适的服务方式，订单提交几天后，用户在家中就可以收到所选购的书，为用户的购书活动提供便利。

在此基础上，亚马逊还为用户提供了先进的个性化推荐系统，可以根据用户的不同兴趣偏好自动推荐与用户兴趣相符的书籍。在用户使用系统的过程中，亚马逊不仅会对读者在使用推荐软件过程中所购买的书进行分析，还会分析用户对书的评价，在这些分析结果的基础上，亚马逊将向读者推荐他们可能喜欢的新书，读者对于自己喜欢的书用鼠标点一下，就买到该书了。对于顾客购买过的东西，亚马逊也能进行自动分析，然后针对不同的顾客提出不同的建议。读者在亚马逊上的登录信息会被保存下来，在顾客下次登录时，就能更容易地买到自己想要的书。为了使个性化服务给用户留下更好的印象，亚马逊通过对购书顾客的数据统计，对于已经在亚马逊上购买过书的顾客，再次访问亚马逊时，最先看到的是该顾客的名字和欢迎词，一定程度上增加了顾客对亚马逊的亲近感。

亚马逊之所以能够做到个性化营销，关键在于亚马逊积极地使用大数据开展营销。实际上，在将大数据引入电商行业的公司中，亚马逊是第一家，并运用大数据改善了客户的体验。也正是这点，使人们改变了对亚马逊乃至电子商务的看法。在以亚马逊为代表的网购刚出现的时候，很多人认为，网上购物"不能取代"，或者"不能在大范围内"取代常规的零售，这是因为，网上购物只是通过网络进行，并不能让顾客体会到面对面的个性化服务。大数据的运用有效改变了这点，让客户真正地体验到了个性化服务。比如，亚马逊可以根据用户在亚马逊网站的浏览和点击，精确地判断出用户所感兴趣的商品，然后向顾客自动推荐同类商品。可以这样说，大数据的运用帮助亚马逊把正确的商品摆在便于顾客看到的货架上。

第三节　大数据与整合营销

一、整合营销的概念

整合营销传播理论起源于 19 世纪 80 年代后期，是一种营销传播计划概念，对于用来创造附加值的各种沟通方式需要进行充分的了解。整合营销理论是将各种营销方式结合起来，提供更加清晰和一致性的信息，从而产生最大的传播影响。整合营销传播理论从提出之初就受到了美国和世界各国的广泛应用，取得的初步成效也是非常好的。大企业对这个理论的运用说明了这种理论具有一定的科学性和实用性，也促进了理论的发展和升级。

整合营销的一个重要特征就是以消费者为核心，对企业行为和市场行为进行重组，通过各种传播方式、统一的目标和沟通方式、一致的产品信息，让企业与消费者之间形成双向沟通。整合营销的一个特殊优势就是能够帮助企业进行资源分配，对企业组合进行进一步的优化，从而进一步提高企业的经济效益。与此同时，整合营销也能够帮助企业更好地满足消费者的需求，从而对从概念到行为的整合发挥促进作用。整合营销业务操作思路对企业提出了要求，要求企业在坚持以消费者为中心的原则的基础上对所有的资源进行有效整合，从而达到企业高度一体化营销的目的。在这个过程中，整体企业营销的协调性和一致性发挥着重要的作用，除此之外，整体企业营销的规模化与现代化也是相当重要的。

二、整合营销传播面临的挑战与机遇

（一）整合营销传播面临的挑战

在新媒体环境下，随着传播主体和传播内容的不断增多，消费者的注意力处于高度分散的状态。我国一、二线城市中的公众每天面对着千条以上的广告信息，他们的注意力是很难集中的。要想让消费者对某一条广告信息进行主动记忆并进行购买行为是非常难的。

随着整合营销传播的发展，企业面临的风险也在不断增大，其中不可控的因素也在不断增加。之所以出现这种情况，不仅是因为消费者的需求逐渐多样化和复杂化，还因为消费者的选择主导性在不断强化。在新媒体环境下，随着体验经济的发展，消费者的选择购买行为不再只是为了产品的某个功能属性，而是更倾向于为了某个产品和服务背后的文化价值，消费者为了得到全新的体验可以不惜成本，这就提高了消费者对于信息获取的积极性和主动性。

新媒体具有小众化、个性化等突出的特点，与受众的喜好相迎合，新媒体的替代效应也随之增强，这在一定程度上就意味着企业在整合营销传播过程中存在着转型失败的风险。毫无疑问的是新媒体独特的信息传播方式潜移默化地影响了受众的接触习惯和接触行为，新媒体也能向目标消费者更好地展示企业与品牌形象，因此，过去大众媒体传统的营销传播模式终将被新媒体所替代。

（二）整合营销传播面临的机遇

新媒体的不断发展丰富了企业在整合营销传播过程中所使用的手段。整合营销传播过程中，企业的营销手段有公众传播、数据库营销、精准营销、口碑营销和形象营销等，这些营销手段之间在一定程度上存在着某种联系。企业可以对各营销手段之间的联系进行探索，并将不同的营销手段进行巧妙的整合，与之前单一的营销手段相比，这种整合营销手段所呈现的效果是更好的，能够更好地实现营销传播效果最大化的目标。新媒体将多种传播方式集于一体，随着网络技术和数字技术的快速发展，新媒体所传播的内容不仅可以通过文字的形式进行传播，也可以通过视频和声音的形式进行传播。因此，新媒体平台上的整合营销传播是更为复杂的，使用的手段也是更为多样的。

随着新媒体的发展，企业与消费者之间的互动在很大程度上得到了提高，传统效果也得到了进一步的优化。新媒体营销对个性化、体验感和参与性进行了重点强调，这也是现代营销的主要观念，与消费者的真正需求是更为接近的，这不仅增强了企业与消费者之间的关系，还为二者之间的有效沟通提供了便利，这也让企业的营销和推广变得更加容易。随着大数据技术的逐渐成熟，为数据库营销和精准营销提供了可能。企业根据数据处理和分析的结果能够了解到消费者的需求，从而为消费者提供个性的产品和服务，进而更好地实现营销传播效果的最大化。

新媒体与大数据的运用改变和重构了营销体系，推动了互动式整合营销传播的发展。以数据为核心将媒体、渠道、终端整合起来，促进了企业与消费者之间的互动，并且能够通过大数据分析对用户的行为和心理进行一定监测与反馈，这让整合营销传播在数据技术的基础上有了更为精准和更为科学的营销。在新媒体中运用大数据技术让品牌建构和传播变得更加精准和有效，因此，新媒体也吸引了众多企业的目光。

三、大数据整合营销服务平台的构建路径

（一）深入挖掘潜在市场

在数据挖掘的过程中运用大数据技术，并在此基础上建立用户数据模型，通过这种模型对用户潜在的需求进行分析，这样不仅节约了成本，还不会让用户反感，能够更好地满足用户需求。除此之外，将网络市场利益维度划分作为依据，然后结合大数据技术激活新媒体市场海量的数据，在不同的利益维度下对新的市场以及营销空间进行探索，之后再与利益的原理进行结合，帮助企业找到潜在的利益增长点。

（二）对目标受众进行定位

大数据技术在广泛应用之前，在营销过程中一般会将不同的群体的特征作为依据；但是在广泛应用之后，通过数据分析能够对不同群体的特征进行进一步的深化，甚至还会分析出个人的特性和消费习惯。精准定位目标群体受众和个性受众之后，与目标受众在兴趣上产生共鸣将会变得更为简单。精准定位的过程中，数据管理平台的 DMP 发挥着重要的作用，能够让企业更好地追踪受众的交互性行为，从而让企业对人们的购买渠道和兴趣点有更好的了解，从而选择出哪些产品能够满足人们的需求。第一，要不断完善自身数据管理平台的 DMP，从而持续地为营销决策提供更多的指导，这样也有利于企业独有数据资产的形成。第二，企业要进一步实现自身数据的自我掌控，提高数据的安全性，避免数据泄露等情况的出现。第三，要实时地对自建的 DMP 进行更新，并且也要在投放反馈的过程中进行修改，从而提高数据的实效性。

（三）实时控制营销进展

从营销活动开始时起，人们就会在互联网上留下各种信息。人们在应用互联

网的同时也会将自己的观点表达出来，将自己的思想传播出去，在这个过程中，会出现一些不利于企业品牌认同的观点。因此，企业在进行营销的同时也要关注敏感舆情，不仅要消除外界的一些不利影响，也要对人们有一定的正面引导，能够及时发现问题并解决。除此之外，企业在营销过程中还要进行一定的引导控制，通过运用大数据技术实时监控网络上的动态信息，从而能够更准确地预测不同营销策略所带来的营销效果。

（四）以利益原理为基础

企业进行营销活动的主要目的是追求经济利益，在利益原理的基础上进行营销活动的组织，这样能够对营销活动的目的进行更好地把握。新媒体领域中，通过将营销过程中的各方面参与者紧密联系在一起来，利用大数据技术挖掘不同主体相关的利益，从而设计出能够满足各方利益需求的方案。通过数据分析的结果选择一些更为简洁和经济实惠的营销方式，从而促进新媒体资源的利用率，获得更高的信息回报率。

第四节　大数据与 LBS 营销

一、LBS 概述

（一）LBS 的定义

LBS 是指一种基于地理位置的服务，通过电信移动运营商的外部定位或者无线电通信网络，从而获得用户的地理位置信息，在地理位置系统平台的帮助下，为用户提供的一种相应的增值服务。总的来说，LBS 就是借助无线电通信网络或者互联网，在移动用户与固定用户之间进行定位和服务。

（二）LBS 的发展

LBS 的出现是早于其概念的，也就是说在 LBS 的概念被提出来以前，这种位置服务的方式就已经被使用了。LBS 首先从美国发展起来，起源于军用的全球定位系统，也就是常被提及的 GPS 定位系统。当 GPS 技术被民用化之后，大量以定位功能作为核心的应用被不断地开发出来，不过 LBS 技术被广泛应用，还是在 20 世纪 90 年代后期。

我国早期的 LBS 应用，多存在于车载地图与导航中，不过在 2006 年，随着互联网地图的出现，众多地图厂商、软件厂商大力开发 LBS 在线终端产品，并且在无线电技术和硬件设施逐渐完善的基础上，LBS 行业在国内迎来了高潮。

（三）LBS 的构成

大致来说，LBS 是由计算机网络和移动通信网络所组成的，通过网关，将二者进行交互。或者，也可以理解成是由移动终端与服务平台结合而成。

移动终端和服务平台通过网关互相联系，其各自包含的内容如下：

移动终端：个人数字助理、手持计算机、移动电话、台式计算机。

服务平台：Web 服务器、定位服务器、LDAP 服务器。

（四）LBS 的特点

1. 覆盖广

对于 LBS 服务体系，企业对定位服务的要求主要有两方面，一方面定位服务的覆盖面要足够大，另一方面定位服务也要对室内区域进行全面覆盖，因为 LBS 的设备或用户多数时间是处于室内的，因此要保证定位服务可以覆盖每个角落。

以 LBS 定位系统覆盖的范围为依据可以将定位服务划分为三种，分别是整个本地网、覆盖部分本地网、提供漫游网络服务类型。

除了考虑覆盖率外，网络结构的变化和周围环境因素，也可能使一个电信运营商，对于漫游网络或者本地网络无法保障服务。

2. 定位准

不同的用户有不同的需求，LBS 定位系统多提供的精确服务要满足不同用户的不同需求，除此之外，还要为用户提供选择精确度的便利，这是手机定位的一个优势。

二、大数据对 LBS 应用的价值

"LBS+ 大数据"营销是指在 LBS 平台的大量数据的基础上，通过运用大数据技术，在移动互联网广告行业所应用的营销方式。企业在互联网与移动互联网上对众多用户的行为数据进行采集，这样能够快速找到目标受众群体，根据目标受众确定广告投放的内容、时间、形式、地点等，并最终完成广告投放的营销过程。

大数据营销是从移动互联网行业衍生而来的，反过来又对移动互联网行业起到促进作用。通过运用多平台的 LBS 数据采集以及大数据技术的分析与预测能力，企业的广告是更为精准和更为有效的，也能提高品牌企业的投资回报率。比如，将 GPS 定位系统与多颗卫星的数据进行结合，就可以在全球范围内准确找到我们或者我们车辆的位置，并可以对实时路况进行查看。随着数据结构的多样化发展，图像、视频和文档所占的比例越来越高。大数据中记录了大量的用户行为信息，LBS 营销通过对这些行为信息进行分析，逐渐向个性化服务发展。

三、LBS 的市场分析与创新应用

LBS 技术从出现到现在，已经有了长足的发展，LBS 最早产生于美国，美国以其强大的空间信息技术优势和网络技术优势，在 20 世纪 90 年代，就已经在交通、移动通信等行业，开始运用 LBS 技术，并为社会公众提供空间信息服务。

随着 LBS 的应用越来越广，LBS 的应用也有了较大的创新，摒弃不足、发挥优势，才是 LBS 的发展方向。

（一）互联网市场分析

随着 LBS 的应用越来越广泛，移动互联网应用市场也逐渐将 LBS 当作重点，在 LBS 发展之初，各大企业以 Foursquare 为标杆，移动互联网公司开始推出各类 LBS 服务，如玩转四方、街旁、嘀咕、邻讯等。

当然，百度、腾讯、新浪、搜狐等传统的移动互联网公司也没有停止前进的脚步，它们也都将 LBS 应用在各类 App 中，从而完善各类 App 的基本配置功能。但是，基于互联网签到模式的 LBS 也存在一些缺点，具体如下：

1. 用户签到率低

用户出于担心隐私暴露、缺乏动力，再加上操作麻烦等原因，让越来越多的用户不再继续使用签到服务。

2. 用户黏性低，活跃度差

随着市场上各类应用的服务同质化严重，企业之间也面临着越来越激烈的竞争，如果企业没有持续性的服务，那么很容易导致用户的流失和沉默。

3. 盈利模式不清晰

目前来说页面广告、搜索排名和商家营销合作是 LBS 的主要盈利模式，但缺点也很明显，如规模偏小、盈利艰难等。

不少互联网公司正在将 LBS 与 O2O 相结合，以开发更多 LBS 盈利模式，如将 LBS 应用到其他行业服务中，如电子商务、消费服务、微信、微博、二维码等，从而实现从线上到线下的营销模式。

（二）运营商市场分析

国内在 2001 年的时候就已经开展了 LBS 定位的相关业务，其中以中国移动、中国联通和中国电信三大运营商为代表，他们开始建设 LBS 定位平台，通过运用 LBS 技术开发了众多 LBS 应用，如车辆导航、物流管理、安全定位等。

尽管各大运营商在 LBS 业务的支持下获得了很好的收入和庞大的用户规模，但是其中也存在一些问题：

第一，车辆导航服务：目前市场上出现了各类 GPS 导航仪，终端已经是非常普遍了，并且并不依赖于运营商而存在。

第二，物流管理与人员定位等服务：市场上应用 GPS 的集成方案有很多，但是这些方案只是对运营商的 GPS 或短信功能进行了运用，并没有进行其他更多的运用。

第三，个人位置信息服务：随着 LBS 的广泛应用，互联网公司在智能手机 App 的基础上开始提供类似的服务，并且利用自己或第三方位置信息库，与运营商之间开启了直接竞争。

除了以上的问题，运营商在决策流程、商业模式、运营方式等方面也显得比较被动，使得运营商在 LBS 市场上的竞争也受到了影响。

（三）LBS 的商业新模式

LBS 市场竞争本就激烈，再加上移动互联网公司的参与，这对各大运营商提出了新的要求，就是它们迫切需要一种新的商业模式。如 O2 公司是一家英国的移动运营商，在 2009 年 11 月推出了一个业务品牌，这个业务品牌主要服务于 O2More 的位置信息。

在 O2More 的位置信息服务过程中，用户能够根据自己的兴趣喜好来设定广告的类型，一旦用户接近商家门店附近，就会自动收到订阅的广告信息。另外 O2More 的位置信息服务对于用户是免费的，但是对于合作商家却是要收取广告费用的，取得了很大的成功。

国内的运营商也可以对这种模式进行借鉴，但是需要保证是在用户资源订阅的基础上，对于用户的隐私给予充分的保护。

（四）LBS 的创新应用

网络运营商在开展 LBS 业务上，网络规模是非常大的，而且运营商在获取用户位置信息的能力以及通信能力上也有所增强，这是网络运营商的优势。而互联网公司的优势则是公司机制灵活，不会显得刻板，另外市场响应速度也较快，所以网络运营商与互联网公司是可以进行互补的。

所以，LBS 的市场趋势就是网络运营商与互联网公司之间的相互合作，运营商的工作是提供位置能力开放、发挥出资源的优势；互联网公司的工作是负责业务开发和业务运营，二者之间共享利益，从而实现共赢的局面。传统 LBS 应用主要包含紧急呼叫、车辆导航、物流管理、人员定位四个方面；而 LBS 的应用可以进行更为广泛的扩展，并且 LBS 业务以自己服务对象的特点为依据可以划分为四项，分别为家庭应用、行业应用、公共安全应用、运营商内部应用，这也是 LBS 的创新应用。

以下将具体分析 LBS 的创新应用：

1. 家庭应用

有些网络运营商选择与无线城市应用合作，也有一部分运营商选择与第三方合作，两种合作都属于向收费模式的位置信息服务转型。除了这两种正在摸索的 LBS 创新，另一种应用就是实时路况。运营商通过网络覆盖城区及各级公路，并且进行准确的统计、分析，根据用户群的移动速度来提供各类交通道路的实时路况，这种应用能产生很好的经济效益和社会效益。

2. 行业应用

随着 LBS 技术越来越成熟，更多的行业开始尝试使用 LBS 位置服务，在旅游行业中，通过对区域位置进行统计和分析，在 LBS 定位技术的支持下，可以为公众提供旅游城市和景区的客流分析与引导,从而实现智慧旅游;在广告行业中,通过对户外广告牌的内容以及覆盖区域受众的信息进行统计和分析,能够帮助媒体达到广告资源的最大化的目的。

3. 公共安全应用

LBS 技术不仅拥有定位功能,还可以为节假日期间客流量大的火车站、长途汽车站等重点区域提供客流监控与引导;如果一些地区发生重大灾害,如地震、海啸、火灾、重大交通事故等,通过 LBS 定位技术,还可以对特定区域人群提供紧急通知和疏导。

4. 运营商内部应用

运营商自身可以在 LBS 技术的支持下对用户群分布区域的特点进行分析,从而为运营商网络覆盖的优化和流量经营的实施提供支持;结合区域用户群的特征,实现更加精准的市场推广与市场运营,这对于运营商来说,是很有必要的。

四、LBS+ 大数据的营销策略

过去的观点是,吸引到店铺来的才是顾客。如今,店铺已经不重要了。由于 LBS 应用的存在,用户随时可以通过手机或其他移动终端搜索周边的商品或服务,快速下订单或付款,完成购买。

(一)用户洞察

虽然精准营销被提及的次数比较多,但是能够真正做到的反而很少,其中垃圾信息是很多的。之所以出现这种情况,主要是因为过去的精准营销只是名义上的,在缺少用户特征数据和详细准确分析的情况下,其精准度并不高。

企业在积累到足够多的用户数据时,才能对用户的喜好和购买习惯进行准确分析,甚至做到了"比用户更了解用户自己"。这一点是许多企业以此作为大数据营销的前提与出发点。如果企业在产品生产之前就对潜在用户的主要特征和用户对产品的期待有充分的了解,那么企业生产出来的产品就可以与用户的喜好相符。

除此之外,大数据的应用还能够帮助企业对重点客户进行筛选,如,通过用户去往地点的次数就可以判断用户最近关心的内容与企业是否相关;用户经常在社交媒体上发布的一些内容，也会在社交媒体上与其他人进行互动，企业可以根据这些内容从中找出有用的信息，将这些信息与企业联系起来，可以帮助企业筛选出重点的目标用户。

（二）传播策略

通过大数据分析可以帮助企业找到品牌进行有效传播的方向。比如，可以分析传播趋势、内容特征、互动用户、正负情绪、口碑品类、产品属性等；也可以对竞争对手的传播态势进行监测和掌握；可以参考行业标杆用户策划，根据用户行为对内容进行策划；甚至可以对微博矩阵运营效果进行评估。

在新媒体时代背景下，品牌危机是许多企业惧怕的情况之一，但是大数据的出现和应用能够提前洞悉这个危机。如果企业遇到危机，首先要做的就是对危机的传统趋势进行跟踪，对重要的参与人员进行识别，从而能够快速地应对。大数据可以对负面定义内容进行采集，及时启动危机跟踪和报警机制，对人群的社会属性进行分析，将事件过程中的观点进行聚集分类，对关键人物及传播路径进行识别，从而更好地保护企业、产品的声誉，帮助企业抓住源头和关键节点，快速有效地处理危机。

（三）商业智能

目前，传统数据仓库的性能已经无法满足庞大的信息，但是，大数据技术的支持能够帮助我们对这些宝贵的大规模数据集进行访问和应用，从而能够有效应对越来越复杂的数据分析，并帮助企业制定出更好的商业决策，尽可能地分析用户行为，把握用户动态，牢牢地拴住所有的老顾客。

无论是生活类 LBS 应用、团购类 LBS 应用，还是购物类 LBS 应用，用户规模越大，数据采集的时间就越久，对用户的需求分析就越精确。目前，更多的 LBS 应用都处于智能化较低的发展阶段。随着移动 LBS 应用的各种功能不断增加，分析用户的各种行为就会更加精确，也便于各种 LBS 应用的快速成长。

（四）市场预测

通过大数据的分析与预测，能够帮助企业家对新市场进行了解，也能帮助企业家对经济的走向进行更好地把握。在过去数据分析和数据挖掘盛行的时候就提出了数据不仅能够对市场进行预测，还能对市场决策进行分析。

数据在业务优化方面具有极大的经济价值，与此同时，也为新业务的发掘提供了更多的机会。大数据和新的数据技术的支持不仅可以帮助企业进行业务优化，还可以帮助企业进行新兴业务模式的挖掘，为企业打开机会之门，可以个性化地服务好每一个客户。

五、大数据 +LBS 营销的案例

（一）耐克公司的大数据 +LBS 营销

Nike 是全球最大的运动品牌公司之一，曾在官网上公布了这样两则信息："在冬天，美国人比欧洲和非洲人都更喜欢跑步这项运动，但美国人平均每次跑步的长度和时间都比欧洲人短"，所以 Nike 在不同的市场区域中进行了不同产品的划分，运动鞋设计的过程中也根据区域特点的不同进行了相应的调整。

耐克公司与苹果电脑公司这两家全球首屈一指的大型公司终于推出了合作后的第一款产品——Nike Plus，它可以让耐克公司的运动鞋和苹果电脑公司的 iPod Nano 便携式媒体播放器进行通信。Nike+iPod 运动联合系统包含一个放置在耐克运动鞋衬垫下的小巧的椭圆形晶片（有点类似 SIM 卡）和一个装备在 iPod Nano 便携式媒体播放器上的小型传感器。

Nike Plus 相关的软件不仅可以对时间和距离的相关数据进行捕捉，还设置了一个语音系统，在这个语音系统中可以交流更多的信息，这个与汽车上的导航系统相类似。除此之外，Nike Plus 也能够为运动者带来运动激情，耐克公司对一些马拉松纪录的保持者运动中的心得体会进行了搜集和总结。用户在运动过程中就可以享受到运动大师最喜爱的音乐和运动激情。

苹果电脑公司在 iTunes 音乐在线零售商店也设置了一个耐克运动音乐区域，在这里喜爱运动的消费者能够进行体能测验和享受到运动激情。消费者可以在 iPod Nano 便携式媒体播放器的屏幕上看到运动测验的数据和结果，这些测验的数据和结果还能上传到 nikeplus.com 网站上。nikeplus.com 网站上会对数据进行实时更新，使用者不仅可以在网站上浏览自己跑步的公里数、消耗的卡路里以及路径，还可以将自己的运动信息分享给朋友，或者关注朋友的运动情况，这个创新不仅吸引了众多的体育运动爱好者，还帮助 Nike 建立了全球最大的运动相关的网上社区。

另外，耐克发布了"Nike+GPS"和"Nike+training"的 App，还有一个叫"Nike+Sport Watch"的 GPS 设备和针对专门领域的"Nike+Basketball"等。它们的功能与原始的 Nike+ 芯片类似：追踪、记录和分享。

Nike 的成功和其在市场上的特立独行正是来源于其对自身产品和消费者的数据挖掘。试想一下，如果一双专业跑步鞋在给人们提供了足够的运动性能以外，还要适合各种运动员的穿着与跑步，那么没有一个跑步数据测试工具，怎么能够测试出运动员要怎么跑才能减少失误与提高效率呢？因此，如果在一双耐克跑步鞋上安装 Nike Plus 跑步数据工具，就能更快、更准确地测出运动员跑步的效率，并让运动员了解自己要怎么跑才能提高效率。

（二）今日头条的大数据 +LBS 营销

如今，数据分析模式正在发生大的转变，当然这一点也为企业带来了真正的机会。大数据平台让所有企业能够通过这种模式转变所提供的洞察力优势，来获得显著的竞争优势。例如，"今日头条"App 并不是单纯地依靠用户自己选择的内容来获取用户感兴趣的新闻分类，而是对用户使用中的行为进行一次次的分析和识别。用户每一次的阅读和选择都会形成一个独立的数据库，用户在使用过程中所浏览点击的新闻内容也会被分析。

另外，"今日头条"App 内置的 LBS 功能会通过移动互联网自动定位用户所在的城市，推送用户关注本地的相关新闻。

举例而言，如果一个用户没有关注过体育新闻，但是却对"贝克汉姆"的新闻内容进行过点击和浏览，这就说明用户对体育并不感兴趣，而对"贝克汉姆"本人有着浓厚的兴趣。因此，用户便不会错过"贝克汉姆"接下来的相关消息。同理可证，不管我们对什么感兴趣，"今日头条"App 都能通过我们的行为感知到我们的喜好，甚至比我们自己还要了解自己，这就是"今日头条"用大数据获取的信息优势。

（三）腾讯地图的大数据 +LBS 营销

腾讯地图于 2011 年 12 月 26 日推出了搜搜地图街景服务，这是搜搜地图服务增加的一项新功能，可显示所选城市街道的 360 度全景图像。同时，这也是中国第一家高清街景地图服务提供商，受到了媒体、行业及用户的广泛关注。

在制作搜搜街景地图时，腾讯并没有自己去采集数据，而是采用订单制，由第三方采集公司来完成。据悉，街景地图一年采集的数据量高达 1PB，光是整理硬盘，搜搜就专门配备了两个人。腾讯与这些公司之间签署独家协议，街景数据向搜搜独家供应。这些外部采集团队的规模约为"两三百人"，从上午 10 点到下午 4 点，一辆采集车可以采集回来约 20GB 数据，这些车队一天总共可以采集回几 TB 数据，一年加起来有 1PB 左右。

用户（个人或商户）还可以"邀拍"，搜搜街景地图团队依据用户的呼声来拍摄更精细的街景。另外，从实景采光效果来看，搜搜街景的 360° 照片确实非常透彻明亮，显然是经过刻意筛选的。搜搜街景的高清景象可以帮助用户通过实景的方式更真实、快速地认识一个地点，其主要用途有以下几个方面：

第一，在线旅游：搜搜街景可以提供不同城市和地区的街景，用户只要坐在电脑前就可以真实地看到街道上的高清景象。

第二，认清道路，快速到达目的地：去陌生的地方前，用户可以使用搜搜街景先提前看一看路况，使自己少走弯路。

第三，了解家人、朋友的生活环境：使用搜搜街景，可以让彼此看到居住的城市、街道，甚至可以看到你家的窗户。虽然相距千里，让彼此的心更亲近。

第四，买房租房，先用搜搜街景：买房租房的用户一定都吃过东奔西跑的苦头。利用搜搜街景，可以先看看你的目标小区长什么样子、周边环境如何等，这样用户不但可以节省时间，结合搜搜地图丰富的查找功能，还可以坐在电脑前就轻松对比各个楼盘的周边环境。

第五，酒店提前预览：对于准备出远门的用户来说，可以通过搜搜街景提前预览酒店的外观和内饰。

参 考 文 献

[1] 王悦彤，杨海军. 大数据下精准营销用户隐私安全保护 [J]. 新闻爱好者，
2021（12）：49-51.

[2] 马浩壤. 大数据带来的变化 [J]. 计算机与网络，2021，47（23）：37.

[3] 林海仪. 大数据在企业市场营销中的应用分析 [J]. 全国流通经济，2021（34）：
17-19.

[4] 王璐. 大数据技术在大客户营销中的应用研究 [J]. 营销界，2021（Z4）：
19-21.

[5] 杨紫雁. 基于大数据的电子商务精准营销 [J]. 电子技术，2021，50（10）：
100-101.

[6] 傅淑如. 大数据环境下电商精准营销策略 [J]. 全国流通经济，2021（29）：
11-13.

[7] 李雨晖. 大数据时代企业营销策略研究 [J]. 中国管理信息化，2021，24（16）：
64-65.

[8] 张悟移，杨茹婷. 大数据视域下企业营销策略研究 [J]. 改革与开放，2021（15）：
23-28，37.

[9] 孙宝芹. 大数据背景下企业的营销管理创新 [J]. 商展经济，2021（15）：
34-36.

[10] 逯彬. 大数据技术在精准营销中的应用 [J]. 现代营销（学苑版），2021（07）：
58-59.

[11] 韩红梅. 大数据时代精准营销模式分析 [J]. 经济师，2021（07）：263-
264.

[12] 何芳. 大数据时代企业市场营销策略研究 [J]. 中国市场，2021（07）：
135-136.

[13] 郭秀峰. 大数据时代的数据挖掘与思考 [J]. 电脑编程技巧与维护, 2020 (12): 111-113.

[14] 梁辰, 陈佳阳. "大数据 + 营销" 意义及人才需求探析 [J]. 太原城市职业技术学院学报, 2020 (11): 44-46.

[15] 李晶晶. 大数据时代的市场营销机遇与挑战 [J]. 现代营销 (下旬刊), 2020 (09): 112-113.

[16] 牟臻扬, 何潇伊. 探究大数据时代下的市场营销变革 [J]. 现代营销 (下旬刊), 2020 (08): 140-141.

[17] 杨靓. M 公司媒体大数据产品的市场营销策略研究 [D]. 北京: 北京化工大学, 2020.

[18] 朱静. 基于大数据的银行客户画像与精准营销研究 [D]. 南京: 东南大学, 2020.

[19] 成琳娜, 徐华菁, 张梓峰, 等. 地铁车站火灾排烟模式仿真研究 [J]. 现代城市轨道交通, 2020 (04): 65-70.

[20] 商文婷. 大数据时代健身 App 应用的转型升级策略研究 [D]. 北京: 首都体育学院, 2020.

[21] 洛伦佐·费尔拉蒙蒂. 大数据战争 [M]. 张梦溪, 译. 北京: 中华工商联合出版社, 2018.

[22] 王融. 大数据时代 [M]. 北京: 人民邮电出版社, 2017.

[23] 康旗, 吴钢, 陈文静, 等. 大数据资产化 [M]. 北京: 人民邮电出版社: 中国联通研究院创新研究系列丛书, 2016.

[24] 乌韦. 大数据时代移动互联网广告精准营销研究 [D]. 重庆: 西南大学, 2016.

[25] 王贵苏. 消解与重构: 大数据时代的品牌营销变革 [D]. 南京: 南京师范大学, 2016.

[26] 徐斌, 王晓冬, 林丽. 大数据管理 [M]. 北京: 人民邮电出版社, 2016.

[27] 马秀麟, 姚自明, 邬彤, 等. 数据分析方法及应用 [M]. 北京: 人民邮电出版社, 2015.

[28] 张国文. LBS 客户定位与精准营销 [M]. 北京：人民邮电出版社，2015.

[29] 倪宁. 大数据营销 [M]. 北京：中国人民大学出版社，2015.

[30] 王浩. 大数据时代下的思维方式变革 [D]. 上海：东华大学，2015.